ブルーガイド 山旅ブックス

奥多摩
奥武蔵
日帰り
山あるき

新緑の蕨山を歩く。遠景は伊豆ヶ岳（撮影：西田省三）

ブルーガイド　山旅ブックス

奥多摩・奥武蔵 日帰り山あるき
もくじ

奥多摩の山

1	奥多摩むかし道	14
2	高水三山	18
3	川苔山	22
4	吉野梅郷	26
5	御岳渓谷	30
6	数馬の切通し	34
7	蕎麦粒山	38
8	六ツ石山	42
9	鷹ノ巣山	46
10	雲取山	50
11	御岳山・日ノ出山	56
12	大岳山	60
13	御前山	64
14	浅間尾根	68
15	笹尾根	72
16	三頭山	76
17	今熊山	80

奥武蔵の山

18	天覧山・多峰主山	84
19	日和田山・物見山	88
20	ユガテから顔振峠	92
21	高山不動と関八州見晴台	96
22	伊豆ヶ岳から子ノ権現	100
23	蕨山	104
24	棒ノ折山	108
25	武川岳から二子山	112
26	大持山・小持山	116
27	武甲山	120

28	琴平丘陵	124
29	丸山	128
30	堂平山から笠山	132
31	大霧山	136
32	大高取山から桂木観音	140
33	官ノ倉山	144
34	鐘撞堂山から羅漢山	148
35	宝登山	152
36	簑山	156
37	城峰山	160
38	破風山	164
39	四阿屋山	168
40	両神山	172

巻頭口絵 ……………………………… 4

巻頭地図
奥多摩・奥武蔵広域図 ……………………… 10

便利情報
登山口までの交通 …………………………… 12

本書をお読みの方へ

● コースタイムや地図上の区間ごとの歩行時間には、休憩や食事の時間は含まれていません。
● コースの起伏を表す高低図は、コース内での相対的な起伏を表現しているため、傾斜の角度は実際の傾斜とは一致しません。
● 各山の登山適期を示す12ヶ月カレンダーでは
　■（紫色）…ベストシーズン
　■（グレー）…できれば避けたいシーズン
というように色分けしています。
●「魅惑のパノラマ大展望」掲載のパノラマ図に記載の風景は理論上のもので、実際には木や構造物に遮られて見えないものもあります。
● 本書に記載した各種データは、2015年10月現在のものです。これらは変動する場合がありますので、事前にご確認ください。また山は絶えず状況が変化しますので、本書の情報以外にもなるべく現地などからも情報収集の上でお出かけください。

おもな地図上の記号

━━…紹介したコース	神社	寺
……県境	滝	温泉
━━…市町村境界	約360度の展望地	
○…コース上のポイント	約180度の展望地	
Ⓟ…駐車場　▲…山頂	水場	
…樹林の中・名木	休憩ポイント	
…紅葉の見どころ	食事ができる施設	
…花の群落・見どころ		

新緑のブナ林を抜けて（奥多摩・三頭山）

ひと山越えて、春を見つけた（奥武蔵・大霧山）

夏の終わりに色を添えるレンゲショウマ（奥多摩・御岳山）

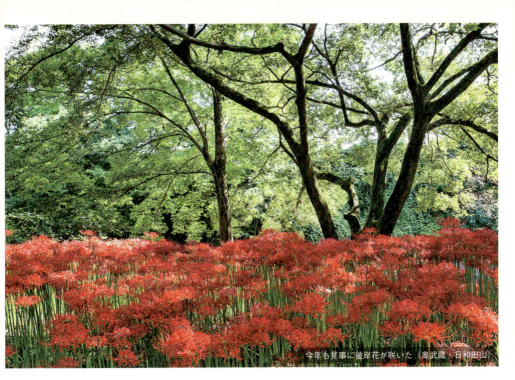
今年も見事に彼岸花が咲いた（奥武蔵・日和田山）

静かに、ゆっくりと山に溶け込んでいく（奥武蔵・両神山）

里山から、街を、秋を見下ろした（奥武蔵・簑山）

> 便利情報

登山口までの交通

奥多摩へのアクセス

奥多摩エリアへは、JRを利用する場合、中央線、青梅線、五日市線を組み合わせることになる。土曜・休日には、新宿駅から「ホリデー快速おくたま号・あきがわ号」が運行され、都心から奥多摩、武蔵五日市へ直接アクセスできるので便利（ホリデー快速は拝島駅で奥多摩行きと武蔵五日市行きに分かれる）。平日を含め青梅行きは東京駅始発の直通電車もあるが、それ以外は立川駅で奥多摩行きや武蔵五日市行きの電車を利用する（奥多摩行きは青梅発、武蔵五日市行きは拝島発もある）。

拝島駅で乗り換えるなら、八王子方面からJR八高線を利用する方法や、西武新宿駅や高田馬場方面または所沢方面から西武新宿線経由拝島線を利用する方法もある。

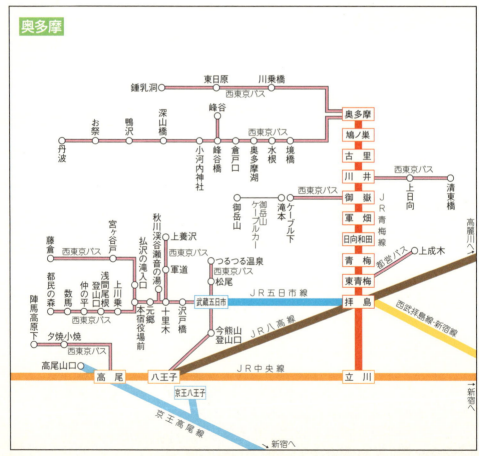

奥武蔵・秩父へのアクセス

　各山の登山口に最寄りの駅を目指し、西武鉄道（西武池袋線・西武秩父線）、秩父鉄道、東武東上線を利用する。

　西武鉄道の場合、特急レッドアロー号（乗車券のほかに特急券が必要）を利用するのもいいが、土曜・休日であれば池袋駅から秩父鉄道の三峰口駅・長瀞駅へ直通運転を行う快速急行もある。それ以外は、飯能駅で西武秩父行きの電車に乗り換えることになる。

　秩父鉄道に乗り入れる快速急行以外を利用して秩父鉄道沿線の山に登る場合は、西武秩父駅から徒歩約5分のところにある秩父鉄道の御花畑駅で乗り換える。また、西武線各駅（一部を除く）で発売されている「秩父フリーきっぷ」を利用するのもお得だ。

　また、東武東上線を利用して寄居駅で下車すれば秩父鉄道に乗り換えられる。八王子方面からはJR八高線で、越生、小川町、寄居へとアクセスできるが、途中で乗り継ぐ高麗川駅より北側の電車の本数が少ないので注意。

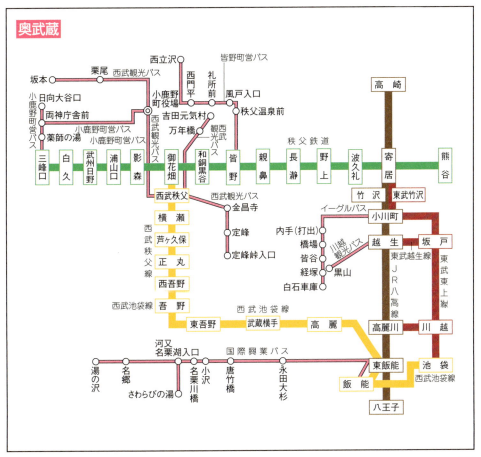

東京都

1 旧青梅街道の山里をたどる道

家族向き

標高	610m(水根付近)
歩行時間	4時間
最大標高差	70m
体力度	★★☆
技術度	★☆☆
1/2.5万地形図	奥多摩湖

奥多摩むかし道
おくたまむかしみち

登山適期とコースの魅力

山里の暮らしが息づく歴史の道を、水根から氷川へと歩く約9kmのルート。吊り橋がある渓谷沿いをゆっくりと歩きたい。

1月	2月	3月	4月	5月	6月	7月	8月	9月	10月	11月	12月
			新緑						シュウカイドウ	紅葉	

●惣岳渓谷
道所吊橋や長さ67.15mあるしだくら吊橋からの惣岳渓谷は、絶好の撮影ポイント。吊り橋から美しい渓谷を眼下に見下ろそう。

●民間信仰
白髭神社の近く、耳痛を治すために穴のあいた小石を供えたという耳神様。高さ3mの弁慶の腕ぬき岩はその向かいにある。

アクセス/電車で
行き：新宿駅 → JR中央線立川駅経由青梅線 1時間50分 1080円 → 奥多摩駅 → 西東京バス 13分 350円 → 水根バス停
帰り：奥多摩駅 → JR青梅線立川駅経由中央線 1時間50分 1080円 → 新宿駅

JR奥多摩駅へは、土曜・休日にはホリデー快速おくたま号（新宿から1時間30分）が便利。新宿駅発7時44分で奥多摩駅に9時16分到着（2015年10月現在）。鴨沢西行きのバスに間に合う。

アクセス/クルマで
圏央道青梅IC → 都道63号・国道411号（青梅街道）経由 26km → 奥多摩駅周辺

起点の水根バス停脇に無料駐車場がある。早朝なら奥多摩駅近くの奥多摩町役場有料駐車場（約20台）に停めて、バスで水根に向かうといい。圏央道青梅ICから青梅街道を経由し約50分で奥多摩駅周辺につく。

関連情報●水根行きのバスは、土曜・休日は7時台に3本、8時～9時台に各1本、10時台に2本しかない（2015年10月現在）。バスの運行時間に合わない場合は、奥多摩駅から水根に逆コースをとってもよい。

水根から見る奥多摩湖

水場チェック
馬の水のみ場などがあるが、奥多摩駅で準備したほうがよい。

トイレチェック
水根、西久保、成田不動尊近くの惣岳、不動の上滝、槐木に水洗トイレがある。

●問合せ先
奥多摩町役場 ☎0428・83・2111
http://www.town.okutama.tokyo.jp/
奥多摩観光協会 ☎0428・83・2152
http://www.okutama.gr.jp/
西東京バス五日市営業所氷川車庫
☎0428・83・2126
http://www.nisitokyobus.co.jp

関連情報● 水根から奥多摩駅に向かう国道411号（青梅街道）沿いにあるバス停は、コースポイントとつながっているので、途中でエスケープすることもできる。

奥多摩駅（氷川）から奥多摩湖（小河内）まで、旧青梅街道を歩く散策コースが「奥多摩むかし道」だ。この街道は、江戸時代に開拓され大菩薩峠を越えて甲府に到るため、甲州裏街道とも呼ばれた生活の道。山里の暮らしが今も息づくこの街道は、のどかな集落のたたずまいをはじめ、路傍には民間信仰を伝える耳神様や虫歯地蔵、道祖神などがそのまま残り、往時の面影を偲ばせている。吊り橋からの惣岳渓谷の眺めも美しい。

道所吊橋やしだくら吊橋は3人以内の重量制限がある

水根バス停❶〜道所吊橋❸

水根バス停❶で下車し、峰谷方面にいく大麦代トンネルの入口手前の車道を渡り、むかし道の取り付き点を右に曲がる。六ツ石山との分岐を右に行き、集落の脇を進むと非公開の青目立不動尊❷があり、その脇道を進む。

滝のり沢を過ぎたところで登り返すが、ここから浅間神社までは倒木や落石が多い道なので注意して進もう。浅間神社から民家の目の前を通って中山集落を抜け、車道へ下りる。通行止めのゲートがある西久保追分からは多摩川に沿って美しい渓谷を進む。吊り橋や昔の街道の面影が残るこのコースのハイライトだ。ベンチもあるのでひと休みしよう。

青目立不動尊に向かう

道所吊橋❸〜白髭神社❺

道所吊橋❸から多摩川を見下ろしたら、ここからは、川合玉堂の歌碑、虫歯地蔵、牛頭観音、馬の水のみ場、縁結び地蔵を見ながら歩く。それぞれに説明板があるので読むだけでも楽しい。水槽が残る馬の水のみ場はかつて茶屋があり、人馬ともに休んだところだ。

多摩川にかかるしだくら吊橋❹は深い谷にかけられた吊り橋で、シダクラ沢から押し出された巨岩と清流がおりなす惣岳渓谷の眺めがすばらしい。ここまで約2時間、吊り橋の対岸に渡って休憩するといいだろう。

水槽がある馬の水のみ場

成田不動尊を過ぎると、山里らしい薪のある民家が見える。さらに進むと樹齢200年のイロ

立ち寄りスポット　奥多摩ビジターセンター

奥多摩駅から徒歩2分、青梅街道の奥多摩駅入口交差点左側にあり、奥多摩の登山、自然、歴史などの情報を提供している。定期的に登山ルートの実地調査を行っていて、散策マップをはじめさまざまな資料を配布しているので、登山の前に立ち寄るといい。時間がなければ、駅前の奥多摩町観光案内所でも、奥多摩むかし道のパンフレットを配布している。
9時〜16時30分／月曜休／☎0428・83・2037／JR奥多摩駅から徒歩2分

奥多摩ビジターセンター　クライミングウォールも体験できる

しだくら吊橋から惣岳渓谷を眺める

成田不動尊近くの薪が積まれた民家

槐木にある公衆トイレ

羽黒坂を下る

ハカエデの巨樹があり、すばらしい紅葉が楽しめる。力持ちの弁慶が空けたという弁慶の腕ぬき岩と耳神様を過ぎると、**白髭神社❺**の石段につく。白髭神社は巨岩が御神体で、この石灰岩大壁は都指定の天然記念物。社殿におおいかぶさる様子には圧倒される。

白髭神社❺〜奥多摩駅❽

神社から境集落に入り、小河内ダム建設時の旧引込線の高架橋を見上げて5〜6分で不動の上滝に出る。ここから檜村への道はやや分かりにくい。道標に沿って左手の石段を上がり、さらに境駐在所前を左にいく。青梅街道の橋詰バス停に出ないように注意しよう。

檜村の民家を見ながら登りつめたところが**槐木集落❻**だ。立派な屋敷かと思うような公衆

大岩が覆いかぶさる白髭神社

トイレと休憩所があり、その右手に地名の由来となった槐の巨樹がそそり立つ。旧引込線を渡った右手を下ると、平将門の子孫という豪族三田氏が尊崇した**羽黒三田神社❼**がある。急坂の羽黒坂を下り、青梅街道に出て氷川大橋を渡ると、**奥多摩駅❽**はすぐだ。　（岡田）

温泉情報　もえぎの湯

青梅街道を新宿方面に向かって新氷川トンネル手前の道を右に入り、トンネルを抜けたところにある日帰り入浴施設。多摩川を見下ろす露天風呂や大きな内風呂のほか、ヤマメの塩焼きなどの食事やみやげも買えるので、人気がある。

入浴料780円／足湯100円／9時30分〜20時（12月〜3月は19時まで）／月曜休／☎0428・82・7770／JR奥多摩駅から徒歩10分

足湯だけでも疲れがとれる

東京都

2 駅からハイクの奥多摩入門コース

一般向き

標高	793m（岩茸石山）
歩行時間	4時間10分
最大標高差	550m
体力度	★★☆
技術度	★☆☆
1/2.5万地形図	武蔵御岳

高水三山
たかみずさんざん

登山適期とコースの魅力　駅を下りてすぐハイキングが楽しめ、下山場所も駅なのでアクセスがとてもよい。展望もすばらしく、奥多摩入門にぴったりのコースだ。

1月	2月	3月	4月	5月	6月	7月	8月	9月	10月	11月	12月
		新緑								紅葉	
		ミツバツツジ									

●岩茸石山からの展望
コース中の最高点の岩茸石山は展望が開け、北側目の前に川苔山と棒ノ折山が目立つ。北西には東京都最高峰の雲取山、棒ノ折山の右手奥には奥武蔵の武甲山、武川岳、伊豆ヶ岳が望まれる。東は遠くに筑波山、高水山の奥には東京スカイツリーも。

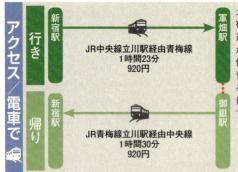

軍畑駅付近に駐車するところがないので、御嶽駅の吉野街道沿いにある無料駐車場を利用し、青梅線で軍畑駅に向かうのが便利。

立ち寄りスポット　御岳インフォメーションセンター

　御嶽駅改札のすぐ目の前にある御岳インフォメーションセンターでは、周辺の登山道の紹介、リアルタイムの登山道状況、その他奥多摩の野生動植物や観光施設の情報を得ることができる。パンフレットなども多数置いてあるので、ぜひ立ち寄っておきたい。コースの帰路、国道沿いにすぐに見つけられるが、入口は駅への階段を上がって2階になる。
8時～16時／月曜休（休日の場合は翌日休、年末年始は休）／☎0428・78・8836／JR御嶽駅からすぐ

駅前にある御岳インフォメーションセンター

高水三山　奥多摩

関連情報●登り慣れたハイカーであれば、岩茸石山から分岐を北に折れて棒ノ折山へとつなぐルートもおすすめできる。

高水山、岩茸石山、惣岳山からなる高水三山は、奥多摩入門のハイキングコースとして人気が高い。静かな樹林歩きと展望に恵まれた縦走路は、適度なアップダウンもあって短いながらも充実した日帰り山歩きが楽しめるのが魅力だ。新緑と紅葉の時期が特におすすめで、初冬まで登山が楽しめる。

軍畑駅❶〜高水山❸

　まずは**軍畑駅❶**の改札を出て左へ向かう。青梅線の踏切を渡って少し下り、成木方面への車道を緩やかに登る。平溝橋のたもとに立つ道標に従って左に折れ、川沿いの道を歩いて行く。高源寺の門前から右に集落の中を上がり、車道の終点につく。高源寺にはトイレがあるが小さいバイオトイレなので、利用する場合は軍畑駅で事前に済ませておくのがよいだろう。車道終点あたりから道は山らしくなり、少し歩いて**砂防ダム❷**の脇を階段で登り、樹林へと入っていく。

　少しの間植林帯をジグザグに登り、尾根に上がるとベンチがある。ちょっとした展望もあるので、このあたりでひと息いれておくのもよいだろう。道なりに進み、白岩、北小曽木への分岐を過ぎると、古刹常福院龍学寺の門前に出る。中央に建つ立派な不動堂はカエデや

民家の裏手から登山道へ

高水山頂の下に建つ常福院

コナラなどの樹々に囲まれ、新緑や紅葉期の境内はひときわ美しい。この不動堂の前庭では、毎年4月8日に近い日曜日に祭礼が行われ、青梅市無形文化財に指定されている高水山古式獅子舞が披露される。興味があれば、そういった伝統行事にあわせて登ってみてもおもしろい。

　不動堂の裏手にトイレがあるのでまずはひと息入れ、**高水山❸**山頂へと向かおう。途中あずまやを過ぎ、少し登りで山頂に到着する。山頂は樹林に囲まれ展望はあまりよくないが、樹々の間からは都心や御岳山、大岳山などが眺められる。

高水山❸〜惣岳山❺

　高水山からはよく整備された道を緩やかにアップダウンしながら進み、短い急坂を登りきって、北側と東側がよく開けた**岩茸石山❹**に立つ。目の前に大きく飛び込んでくる川苔山と棒ノ折の展望がすばらしい。川苔山の左

常福院のすぐ上にあずまやがある

水場チェック
惣岳山下の井戸窪に水場があるが、溜り水で量が少なく冬期には涸れることもある。軍畑の駅で十分用意していくこと。

トイレチェック
高源寺入口にバイオトイレ、高水山常福院の裏に公衆トイレがある。

問合せ先
青梅市観光協会 ☎0428・24・2481
http://www.omekanko.gr.jp
御岳インフォメーションセンター
☎0428・78・8836

展望がすばらしい岩茸石山の山頂

静かな樹林に囲まれた惣岳山山頂

手、北西の方角には東京都の最高峰である雲取山が見え、棒ノ折の右奥に武甲山や武川岳、伊豆ヶ岳といった奥武蔵の山々、北東には筑波山などが見渡せる明るい山頂だ。特に秋から初冬にかけての空気が澄んだ日の展望はすばらしい。先ほどいたピークの高水山もよく見え、その頂の奥に東京の都心部を望むことができる。

時間的にも岩茸石山で昼食にするのがちょうどよいだろう。ゆっくり長めの休憩をとって展望を楽しんだら、黒山から棒ノ折山に向かうルートを分けて左に下っていく。途中の樹林から振り返ると、歩いてきた岩茸石山と高水山が望まれ、さらに先では大岳山や御前山の姿を見ることもできる。短いが急ですべりやすい岩場を注意しながら登ると、檜や杉の樹林に囲まれた惣岳山❺山頂に出る。登山初心者で岩場登りが心配であれば、岩場の手前に巻き道があるので、そちらを利用するとよい。惣岳山山頂の中央には青渭神社の奥の院が建ち、平らで広々としている。展望はないが静かで涼しげな場所である。

惣岳山❺〜御嶽駅❻

三山最後のピークで休憩をたっぷりとったら、御嶽駅へと下ろう。あとは下りいっぽうの道で

標高を落とし、御神水の井戸窪を過ぎてから沢井駅への分岐を見送り、計3本の送電線の鉄塔を通り過ぎれば御嶽駅❻は近い。樹林の間から線路が見え、慈恩寺の裏手から舗装された道路に出る。目の前の線路を渡ると老舗そば屋の玉川屋が見え、右に折れればすぐに青梅街道にあたり、御嶽駅へと歩いていく。駅の手前には奥多摩の山情報が手に入る御岳インフォメーションセンターがあるので、立ち寄っておくのもいいだろう。

下山してきて時間が余れば、せっかく御嶽に来たのだから、バスとケーブルで御嶽神社にお参りするのもおすすめ。　　　　(西田)

岩場に注意して惣岳山へ

立ち寄りスポット　玉川屋

下山口の慈恩寺から青梅線の線路を渡り、道なりに下ってすぐのところに老舗手打ちそば屋の玉川屋がある。週末は観光客も立ち寄るそば屋で、明治時代の民家を活かした茅葺き屋根が目印。ちょうど下山口にあるのが嬉しいところ。
11時〜18時／月曜休（祝日の場合は翌日休）／
☎0428・78・8345

茅葺き屋根が特徴の玉川屋

東京都

3 川苔山（かわのりやま）

渓谷歩きと展望が楽しめる人気の山

一般向き

標高	1363m
歩行時間	5時間50分
最大標高差	1050m
体力度	★★☆
技術度	★☆☆

1/2.5万地形図　奥多摩湖、武蔵御岳、武蔵日原

登山適期とコースの魅力

川苔谷の美しい渓谷歩きと山頂展望の山。奥多摩山域でも有名な百尋ノ滝も見どころ。新緑、紅葉の時期がベストシーズンだ。

1月	2月	3月	4月	5月	6月	7月	8月	9月	10月	11月	12月

新緑／アカヤシオ／シロヤシオ／紅葉

●川苔山からの展望

特に西側の展望がよく、まず目に飛び込んでくる一番高い山が雲取山、南西には富士山も見ることができる。

●ヤマツツジ

4月下旬ごろはアカヤシオが見頃で、さらに季節がすすんで新緑の時期にはヤマツツジが登山道に色を添える。

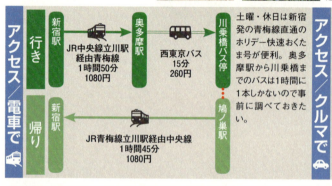

アクセス／電車で

行き：新宿駅→（JR中央線立川駅経由青梅線　1時間50分　1080円）→奥多摩駅→（西東京バス　15分　260円）→川乗橋バス停

帰り：鳩ノ巣駅→（JR青梅線立川駅経由中央線　1時間45分　1080円）→新宿駅

土曜・休日は新宿発の青梅線直通のホリデー快速おくたま号が便利。奥多摩駅から川乗橋までのバスは1時間に1本しかないので事前に調べておきたい。

アクセス／クルマで

圏央道青梅IC→（都道63号・国道411号（青梅街道）経由　26km）→奥多摩駅

奥多摩駅周辺の有料駐車場に停めて下山後に電車で戻るか、鳩ノ巣駅西側の無料の町営駐車場を利用し、行きに電車で奥多摩駅に向かうことになる。

コースタイム

❶川乗橋バス停 —2.4km 50分/50分— ❷細倉橋 —1.6km 45分/40分— ❸百尋ノ滝 —2.3km 2時間/1時間30分— ❹川苔山 —4.8km 1時間45分/2時間45分— ❺大根ノ山ノ神 —1.5km 30分/50分— ❻鳩ノ巣駅

関連情報●奥多摩駅の背後に立つ本仁田山は川苔山の前衛の山だ。舟井戸から鳩ノ巣駅へ下らずに本仁田山から奥多摩駅というコースもおすすめ。

水場チェック
山頂からの下り、舟井戸手前に水場あり。

トイレチェック
奥多摩駅、細倉橋のバイオトイレ（1名用）、鳩ノ巣駅前と裏手駐車場の4ヶ所。

●問合せ先
奥多摩町役場 ☎0428・83・2111
http://www.town.okutama.tokyo.jp/
奥多摩観光協会 ☎0428・83・2152
http://www.okutama.gr.jp/
西東京バス五日市営業所氷川車庫 ☎0428・83・2126 http://www.nisitokyobus.co.jp/

立ち寄りスポット **百尋ノ滝**

川苔谷上流部にある落差約40mの滝で、奥多摩山域の名瀑である。滝の周囲は絶壁で囲まれており、滝壺のそばまで近づくことができる。休憩にもおすすめ。

川苔山

奥多摩

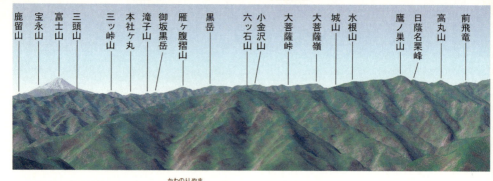

御坂山塊: 鹿留山、宝永山、富士山、三頭山、三ツ峠山、本社ヶ丸、滝子山、御坂黒岳、雁ヶ腹摺山、黒岳

大菩薩連嶺: 六ッ石山、小金沢山、大菩薩峠、大菩薩嶺、城山、水根山、鷹ノ巣山、日蔭名栗峰、高丸山、前飛竜

　奥多摩山域屈指の人気を誇る川苔山。その理由は山頂の展望だけでなく、美しい渓谷歩きも楽しめるという変化に富んだコースが魅力なのであろう。山頂へ至るコースはいくつかあるが、ここでは川苔谷から百尋ノ滝を通って山頂へ向かい、鳩ノ巣駅へ下っていくコースを紹介する。

 川乗橋バス停❶～百尋ノ滝❸

　奥多摩駅前からは東日原・日原鍾乳洞行きのバスに乗り、約15分の川乗橋バス停❶で下車する。バス停目の前に川乗林道のゲートがあり、その左脇を通ってしばらくは舗装された道を進む。1時間弱の道のりで細倉橋❷を渡り、林道と登山道の分岐に着く。ここにはバイオトイレが一機置いてあるので、入山前に利用できるのがありがたい。

　2014年2月の大雪で木橋が崩落し、しばらくの間迂回路を通るルートだったが、新しい橋が設置され、2015年10月に川苔谷のルートが復旧した。

　林道から分かれて右手の川苔谷の登山道に入っていく。美しい渓相の沢沿いを歩き、何度か沢を渡って緩やかに標高を上げる。小さいがいくつか滝も楽しめる気持ちのよい道が続く。しばらく歩くと川苔山へ向かう登山道の鉄ハシゴがあり、その奥を見下ろすと断崖に囲まれた百尋ノ滝❸が見える。分岐からほんの少し下るだけなので、ぜひ滝の近くまで行っておきたい。ここからは急な登りがあるのでゆっくりと休憩をとっておくのもよいだろう。

百尋ノ滝❸～川苔山❹

　百尋ノ滝からは先ほどの鉄ハシゴまで戻り、川苔谷から離れて急な道を登っていく。途中からはなだらかな巻き道となり、少し南側の展望も開けてくる。

　足毛岩を経由して山頂へ向かう道との分岐に出て、左手の沢筋の道を登っていく。苔に覆われた堰堤が現れ、急な坂を登っていくと平らな尾根に乗り、ベンチがある十字路に出る。ここまで来れば山頂まであとひと息。道標に従って西に折れ、ひと登りで川苔山❹山頂に到着する。

　山頂は小広く平らで展望に恵まれており、まず目に入る雲取山、飛龍山、石尾根伝いに鷹ノ巣山の景色がすばらしい。南側に回ると木々の奥に富士山がそびえ、左に御前山、丹沢の山々も見渡すことができる。山頂にもべ

川乗橋バス停から歩き出す

西 飛竜山 / 雲取山 / 笙ノ岩山 / 天祖山 / 白岩山 / 和名倉山 / 長沢山 / タワ尾根ノ頭 / 酉谷山 / 三ツドッケ / 太平山 / 仙元峠 / 蕎麦粒山

魅惑のパノラマ大展望

川苔山頂から見た南西から北西の展望。山頂からは奥多摩のほとんどすべての山を眺望できるが、雲取山から鷹ノ巣山へと延びる石尾根の稜線がひときわ目を引く。埼玉との都県境をなす長沢背稜の山々も重厚さを見せ、蕎麦粒山はその名のとおりの形をしている。

特に西側の展望がよい山頂

ンチが置かれているので、ゆっくりと休憩したいところである。

　山頂には「川乗山」の表記があるが、もともとは谷で川苔が採れることからついた川苔谷、その源頭であるから川苔山、が正式名称なのだが、国土地理院の地形図で「川乗山」と誤記されたことから「川乗山」表記も存在するようになってしまったといわれている。

川苔山❹～鳩ノ巣駅❻

　川頂でゆっくりと休憩をとったら、鳩ノ巣駅を目指して下っていく。山頂から先ほどの十字路へ戻り、右に折れて下っていく。ほどなくして出てくる水場の標識を見送り、大ダワ、本仁田山との分岐である舟井戸に出る。そのまま鳩ノ巣駅方面に下っていくと、もう一度大ダワ、本仁田山への分岐があり、ここも鳩ノ巣駅方面へ道をとる。ここからはしばらく緩やかな道で標高を下げ、階段を下って林道へと出る。林道に出たところは右に向かい、カーブの突き当たり、左手の杉の木の下に **大根ノ山ノ神❺** の祠がある。ここからは道標に従ってふたたび樹林帯に入り、集落に出て5分ほどで **鳩ノ巣駅❻** に到着する。　　　（西田）

大根ノ山ノ神

展望スポット　川苔山山頂

山頂は小広く平らで、東側以外の展望が開けている。特に晩秋の木々が落葉した季節は視界が広がり、南側の丹沢山塊の眺めもよい。西側がもっとも開け、雲取山から石尾根伝いに鷹ノ巣山、大菩薩嶺から富士山まで望むことができる。

富士山の展望もよい山頂

東京都

4 花に囲まれた古刹をめぐる散歩道

家族向き

標高	250m(梅の公園)
歩行時間	1時間15分
最大標高差	40m
体力度	★☆☆
技術度	★☆☆
1/2.5万地形図	武蔵御岳

吉野梅郷 (よしのばいごう)

登山適期とコースの魅力
ウメの木は輪紋ウイルス防除対策のため全伐採されたが、それに代わる花々が咲く4月から新緑の頃がいい。快適に歩くことができる。

1月	2月	3月	4月	5月	6月	7月	8月	9月	10月	11月	12月
フクジュソウ				新緑							
		サクラ									
			ツツジ								

● **梅の公園**
梅の公園にはスイセンやゲンカイツツジ、フクジュソウなど春に咲く花が植栽され、花見客が絶えない。再び梅の名所となるように関係者の取り組みが続いていて、3月から4月に「吉野梅郷花まつり」が開催されている。(写真提供:青梅市観光協会)

アクセス/電車で
行き:JR日向和田駅まで直通で向かう電車は少ない。新宿駅からJR中央線・青梅線の青梅行きの快速に乗り、青梅駅で奥多摩行きの普通電車に乗り換え。西武新宿線・拝島線を経由して拝島駅で乗り換えてもよい。

新宿駅→JR中央線立川駅経由青梅線 1時間13分 800円 →日向和田駅

帰り:二俣尾駅→JR青梅線立川駅経由中央線 1時間17分 920円→新宿駅

アクセス/クルマで
圏央道青梅IC→都道63号・国道411号(青梅街道)経由 10.2km→日向和田駅周辺

日向和田駅から神代橋を渡り、奥多摩方面の吉野街道沿い、梅郷四丁目、即清寺下の吉野、吉川英治記念館前の梅の里公園に市営無料駐車場がある。圏央道青梅ICから国道411号を経由して約30分で日向和田駅周辺につく。

コースタイム

①日向和田駅 —1.4km 15分/15分— ②梅の公園(園内1時間) —1.6km 30分/25分— ③即清寺 —0.2km 5分/5分— ④吉川英治記念館 —0.2km 5分/5分— ⑤愛宕神社 —1.4km 15分/15分— ⑥海禅寺 —0.2km 5分/5分— ⑦二俣尾駅

関連情報●花が見ごろを迎える季節は、駐車場も満車になり周辺の道路も大変混雑するので、電車で行くほうがいい。

💧 **水場チェック**
コースのほとんどが市街地なので、コンビニエンスストアなどで水を手に入れることができる。また、梅の公園には水場もある。

🚻 **トイレチェック**
梅の公園や愛宕神社など各所にある。

●**問合せ先**
青梅市役所商工観光課 ☎0428・22・1111
https://www.city.ome.tokyo.jp/
青梅市観光協会 ☎0428・24・2341
http://www.omekanko.gr.jp/
青梅観光案内所 ☎0428・20・0011

立ち寄りスポット　獅子口屋

山小屋の面影を残した梅郷支店

かつて川苔山にあった獅子口小屋の管理人だった木宮家が営むわさび漬けの名店。店舗は柚木支店と梅郷支店があり、山小屋の石組みを再現している吉野街道沿いの梅郷支店は、当時の雰囲気を伝えている。

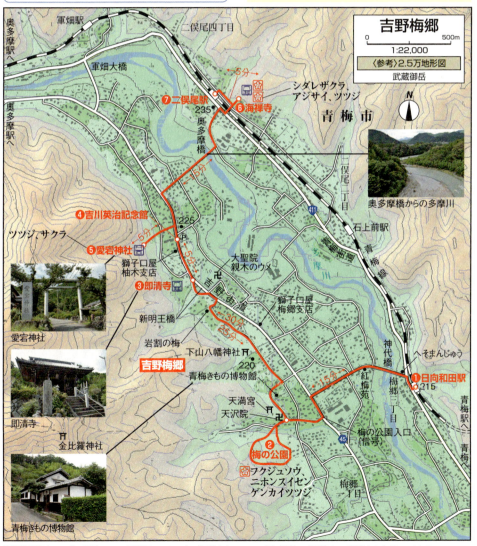

関連情報 ●ウメの花の再生には、長期間かかることが予想されている。再び観梅の名所として復活するために、2016～2020年を再生・復興プログラム期間として設定している（2015年10月現在）。

吉野梅郷は、青梅線日向和田駅から二俣尾駅までの多摩川南側、東西4kmに広がり、青梅市梅の公園をはじめ、吉川英治記念館、青梅きもの博物館などのスポットが点在している。ウメの木はすべて切り払われたが、里道の両側には古い民家や古刹が次々と現れ、ほのぼのとした里の風景が楽しめる。

ツツジの花が咲く梅の公園の春（写真提供：青梅市観光協会）

日向和田駅❶〜梅の公園❷

のどかな里を抜けて歩く

青梅街道の一段高いところにある日向和田駅❶から、青梅街道を奥多摩方面へ行き、最初の信号を左へ。神代橋からは、上流に奥多摩の山々が広がる。車道をのんびりと進むと、吉野街道に突き当たる。吉野街道を左に折れて、次の信号が梅の公園入口。これまでの車道からしっとりとした里道になる。右手に地蔵のある天沢院を見ると沢に沿った道になり、すぐに梅の公園❷の入口につく。

梅の公園は吉野梅郷のシンボル的存在だったが、ウイルスの感染を防ぐためウメの木が伐採され見ることができないが、春の訪れを知らせるフクジュソウやニホンスイセン、ツツジなどが植栽され、花の園となって楽しませてくれる。園内をゆっくり回るのには、1時間ほどかかる。

梅の公園❷〜吉川英治記念館❹

公園を散策したら、来た道を天沢院まで戻り、その先で左へ折れる。農道らしい雰囲気が残された道を行くと、白壁の青梅きもの博物館の脇を通る。博物館の入口は建物の手前を右に曲がったところにある。左手にかつては梅園だった畑を見て進むと、下山八幡神社が小山を背景にして意外と立派な姿を見せる。参道は鳥居のある吉野街道から伸びていて相当に長く、貴重な社殿建築も見ごたえがある。

さらに進むと、左への小径に「岩割の梅」の標識がある。ここには若武者と地元の娘の悲恋の伝説が残っているが、残念ながらここも伐採されてしまった。まわりはオープンガーデンになっている。その先の左手、長屋門のあ

静かなたたずまいの下山八幡神社

立ち寄りスポット　吉川英治記念館

『鳴門秘帖』や『宮本武蔵』、『新・平家物語』や『私本太平記』などを執筆し、昭和を代表する大衆小説家の吉川英治が、戦火を逃れて青梅郷に疎開してきたのは1944（昭和19）年。そして、1953（昭和28）年までの約9年半をこの地で暮らしていた。母屋は以前は養蚕農家だったもので、それを吉川英治が買い取った。その旧邸の敷地内に開館したのが吉川英治記念館だ。記念館では蔵書を含む約2万点の収蔵資料のうち、著作や直筆の書、使った道具といった常設展示によって、吉川英治の足跡をたどることができる。

入館料500円／10時〜17時／月曜休／☎0428・76・1575／JR二俣尾駅から徒歩15分

どこかすがすがしさも感じられる母屋

愛宕神社の社前から梅郷の街並みを見る

禅寺らしい趣をもった海禅寺

る屋敷の前から再び吉野街道に出る。

　吉野街道が新明王橋を渡る手前で、左に旧道に入って回り込むと、石段と仁王門が歴史を感じさせる即清寺❸だ。春にはシダレザクラやハクモクレン、秋にはハギの花が美しい。境内を見てから吉野街道を行くと、吉川英治記念館❹の駐車場の前にさしかかる。駐車場の手前の左に入口がある。

吉川英治記念館❹〜二俣尾駅❼

　吉川英治記念館を見学したら、先に進もう。記念館の隣に愛宕神社❺の石鳥居がある。鳥居をくぐり、参道を進む。愛宕神社は中世の頃、この地に勢力をもっていた三田氏の居城である辛垣城の鎮護守として創建された古い由緒をもつ神社。長く急な石段を登ったところに社殿があり、石段の両側にはツツジが植栽されていて、4月下旬〜5月上旬は見事。社殿の前は、吉野梅郷を一望することができる好展望地だ。

　吉野街道に戻り、奥多摩橋南の交差点を右折し、多摩川を渡る。青梅街道に出たら駅とは反対に右へ、海禅寺❻に向かおう。静かな境内でしばし古に思いを馳せたら、駅に向かう。寺の階段下の踏切の手前を線路沿いに右に行けば、まもなく二俣尾駅❼につく。　（岡田）

吉野梅郷　奥多摩

青梅の古刹 海禅寺

　海禅寺は、寛正年間（1460〜65年）に小さな庵が建てられたことに始まると伝えられている。青梅一帯を支配していた豪族・三田氏の帰依を受け七堂伽藍が整えられたが、永禄6（1567）年に裏山の御岳の山城「辛垣城」が落城すると同時に、兵火にかかり堂宇を消失した。天正17（1589）年に堂宇を再興し、徳川の世になると寺領15石を拝領し、京に末寺をもつほどに栄えた。

　今もその面影は残り、青梅街道沿いにある総門は慶長17（1612）年に建てられた境内最古の建物で、市の有形文化財に指定されている。シンプルだが歴史を感じさせる。青梅線の踏切を渡ると石垣と石段、その上に山門が見えてくる。

　仁王像が鎮座する山門は豪壮なもので、当時の栄華を物語っている。山門の左手には大きなクスノキがすっくと立ち、初夏には庫裏の右側のツツジ山が一斉に咲き誇る。

　また、本堂左手には三田氏の供養墓とされる宝篋印塔と代々の墓があり、今に到る歴史を伝えている。

山門の石段の下にヒガンバナが咲く

緑の木々に石垣と白壁が映える

三田氏の供養墓という宝篋印塔

東京都

5 渓流と吊り橋、美術館をめぐる散策路　　家族向き

標高	240m(軍畑駅付近)
歩行時間	1時間35分
最大標高差	30m
体力度	★☆☆
技術度	★☆☆
1/2.5万地形図	武蔵御岳

御岳渓谷
みたけけいこく

登山適期とコースの魅力

「日本名水百選」に選定された清流に沿って渓谷沿いを歩く。美術館が点在し、銘酒や豆腐料理が味わえるさわやかな散歩道だ。

1月	2月	3月	4月	5月	6月	7月	8月	9月	10月	11月	12月

新緑（3月〜5月）
アジサイ（4月〜6月）
カンゾウ（6月〜8月）
ヒメオウギズイセン（8月〜9月）
ヒガンバナ（9月〜10月）
紅葉（11月）

●御岳渓谷
御岳渓谷は釣りをはじめ、カヌーやラフティングなど川遊びが盛んなところ。最近では、巨岩を登るボルダリングも人気だ。

●寒山寺
楓橋を渡った対岸の崖の上に建つ寒山寺。山水画のような風景が、中国・蘇州の寒山寺に似ていることから建立されたという。

アクセス/電車で

行き：新宿駅→JR中央線立川駅経由青梅線 1時間30分 920円→御嶽駅

帰り：御嶽駅→軍畑駅→JR青梅線立川駅経由中央線 1時間24分 920円→新宿駅

JR御嶽駅へは、土曜・休日にはホリデー快速おくたま号（新宿から1時間17分）が便利。新宿駅8時19分発で御嶽駅に9時36分に到着する（2015年10月現在）。

アクセス/クルマで

圏央道青梅IC → 都道63号・国道411号（青梅街道）・都道45号（吉野街道）経由 16km → 御嶽駅周辺

吉野街道から御岳橋に向かう手前の左側に約10台、寒山寺に約50台の無料駐車場がある。ほかに、杣の小橋そばの御岳苑地に約50台の有料駐車場がある。圏央道青梅ICから吉野街道を経由して約40分で御嶽駅周辺につく。

コースタイム：
①御嶽駅 —1.7km/20分→ ②たましん御岳美術館 —0.8km/10分→ ③神路橋 —1.2km/15分→ ④玉堂美術館 —0.7km/10分→ ⑤「お山の杉の子記念碑」 —0.8km/10分→ ⑥寒山寺（楓橋）—1.5km/30分→ ⑦軍畑駅

（復路）20分／10分／15分／10分／10分／30分

杣の小橋付近をいくハイカー

立ち寄りスポット 玉堂美術館

いもうとやでコーヒーブレイクを

日本の自然を愛した日本画の巨匠・川合玉堂が、1944（昭和19）年〜1957（昭和32）年に亡くなるまでの10余年をこの地で過ごしたのを記念して建てられた美術館。隣接するいもうとやには売店のほか、御岳渓谷を望むレストランがある。

入館料500円／10時〜17時（12月〜2月は16時30分まで）／月曜休／☎0428・78・8335／駐車場60台／JR御嶽駅から徒歩5分

数寄屋建築の美術館には庭園もある

💧 水場チェック
駅周辺で準備したほうがいいが、各施設でも給水できる。

🚻 トイレチェック
御嶽駅前、御岳小橋そば、御岳苑地など各所にある。

● 問合せ先
青梅市役所商工観光課 ☎0428・22・1111
https://www.city.ome.tokyo.jp/
青梅市観光協会 ☎0428・24・2481
http://www.omekanko.gr.jp/
御岳インフォメーションセンター
☎0428・78・9363

関連情報● 寒山寺や澤乃井園でゆっくりしたければ、軍畑駅に向かわずに沢井駅から帰ってもいい。澤乃井園から沢井駅までは約5分。

御岳橋から多摩川を見下ろす

杣の小橋付近は快適な水辺の道

御嶽駅から軍畑駅まで、多摩川の流れに沿って4kmほどの遊歩道を歩く。吊り橋を渡ったり、美術館を訪ねたり、奥多摩の名水を使った料理を楽しむ家族向きののんびりしたコースだ。

コースガイド

御嶽駅❶〜たましん御岳美術館❷

御嶽駅❶を出るとすぐ横に御岳インフォメーションセンターがある。周辺の登山道の紹介やパンフレットを配布しているので立ち寄っていくといい。青梅街道を渡って御岳橋のたもとの左に御岳渓谷入口の案内板があるので、その階段を下りる。御岳橋をくぐるとすぐに水辺の遊歩道が始まる。600mほど先の杣の小橋、発電所、神路橋の先で、大きく曲がって渓谷が広くなると対岸に奥多摩フィッシングセンターが見え、釣り人の姿が多くなる。多摩川の一部をせき止めた管理釣り場ではニジマスなどが釣れ、その場でさばいてバーベキューを楽しむことができる。たましん御岳美術館❷はそのすぐ先だ。

たましん御岳美術館❷〜玉堂美術館❹

美術館を見学し、美術館前のあずまやでひと休みしたら神路橋❸まで戻る。ここで橋を渡ると御岳山ケーブル滝本駅との分岐があるが、コースは左手の山道に入る。発電所の建物が見えてくると吉野街道との分岐がある。直進せずに杣の小橋に向かう道標に従って左の山道を下る。いったん広い川原に下りると、カヌーやラフティングのスタート地点があって

御岳小橋付近の多摩川

立ち寄りスポット たましん御岳美術館

荻原守衛（碌山）、高村光太郎、ロダンの彫刻をはじめ、浅井忠、岸田劉生、佐伯祐三、梅原龍三郎、中川一政の洋画など、近代日本を代表する作家の作品を展示している。
入館料500円／10時〜16時30分（11月〜3月は16時まで）／月曜休／☎0428・78・8814／JR御嶽駅から徒歩20分

喫茶コーナーや絵はがきの販売もある

御岳小橋で対岸に渡る

賑やかだ。杣の小橋をくぐると、また渓谷から離れる山道を下っていく。神路橋からここまではゆるやかなアップダウンを繰り返し、渓谷から離れたりすぐ脇を通ったりする自然豊かなコースだ。

川原に出て最初にくぐった御岳橋を対岸でくぐると、じきに大きなイチョウの木が見え、木立の中に建つ玉堂美術館❹につく。御岳小橋周辺はスケッチや写真撮影に訪れる人が多いが、この地が「御岳ボルダー」として開拓されてからは、ボルダリングを楽しむ人々がマットを背負って訪れるエリアになっている。

澤乃井園内にある渓流沿いの庭園

その先に楓橋が見えてくると、左手に澤乃井園がある。庭園の一角に銘酒澤乃井やみやげを販売する売店などがあるので立ち寄りたい。

寒山寺❻は、楓橋の吊り橋を渡ったたもとの鐘楼と小高い山の上にあるお寺。本尊は中国から渡った釈迦牟尼像で、本堂の格天井や川合玉堂門下による鐘楼の天井絵が見事だ。

玉堂美術館❹～軍畑駅❼

御岳小橋で対岸に渡り渓谷に下ると、川は大きく曲がって広々とした渓流沿いを歩くようになる。開放感あふれる気持ちのいい遊歩道だ。遊歩道の左手に民家が建つ一角に『お山の杉の子』記念碑❺があるので立ち寄ってみよう。『月の砂漠』で知られる佐々木すぐる作曲の童謡は、ここで作曲されたという。

鵜の瀬橋から寒山寺に向かう

鵜の瀬橋近くには、トイレやあずまや、野菜の無人スタンドなどがあり、

寒山寺からは再び橋を渡りかえして軍畑駅に向かう。遊歩道の階段を下りて渓谷沿いの木の階段や山道を進み、軍畑大橋から470m手前の階段を上ると青梅街道に出る。青梅街道を青梅方面に進み、軍畑大橋の手前で車道を渡り左手の急な坂道を登り切ると、軍畑駅❼につく。（岡田）

渓流沿いの遊歩道を軍畑駅に向かう

奥多摩の地酒

創業元禄15年の小澤酒造

多摩・青梅を代表する地酒・澤乃井で知られる小澤酒造の創業は元禄15（1702）年。赤穂浪士の討ち入りの年には酒造りをしていたという史料がある。酒蔵見学（要予約）のほか、澤乃

まゝごと屋では本格的な会席料理を

井園の売店では酒や豆腐などのみやげを販売している。隣接のまゝごと屋は豆腐とゆばの会席コース、カジュアルな豆らくでは豆腐料理が味わえる。
●澤乃井園10時～17時／☎

気軽に豆腐料理を味わえる豆らく

0428・78・8210　●まゝごと屋11時～15時受付終了（予約優先）／☎0428・78・9523　●豆らく11時～15時30分（予約なし）／いずれも月曜休／JR沢井駅から徒歩5分

東京都

6 江戸時代の古道から激流の渓谷へ

家族向き

標高	400m（切通し付近）
歩行時間	1時間45分
最大標高差	60m
体力度	★☆☆
技術度	★☆☆
1/2.5万地形図	奥多摩湖、武蔵御岳

数馬の切通し
（かずまのきりどおし）

登山適期とコースの魅力

ベストシーズンは数馬峡橋から鳩ノ巣渓谷にかけての新緑、紅葉の時期。涼風が吹き抜ける鳩ノ巣渓谷付近は夏季でも涼しい。

1月	2月	3月	4月	5月	6月	7月	8月	9月	10月	11月	12月
		新緑							紅葉		

●白丸魚道
ダムで魚が川を遡れなくなるのを防ぐため作られた、魚専用の通り道。高低差27m、長さ300m以上もあり、日本最大級の規模だ。

●鳩ノ巣渓谷
秩父古成層を切り開いて作られた渓谷で、奥多摩きっての渓谷美。多摩川の激流が、巨岩・奇岩の間を流れる姿は大迫力だ。

アクセス／電車で

行き：新宿駅 → 白丸駅
JR中央線立川駅経由青梅線
1時間48分
1080円

JR白丸駅まで直通で向かう電車は少ない。新宿駅からJR中央線・青梅線の青梅行きの快速に乗り、青梅駅で奥多摩行きの普通電車に乗り換える。西武新宿線・拝島線を経由して拝島駅で乗り換えてもよい。

帰り：鳩ノ巣駅 → 新宿駅
JR青梅線立川駅経由中央線
1時間45分
1080円

アクセス／クルマで

圏央道青梅IC → 都道63号・国道411号（青梅街道）経由24km → 白丸駅周辺

白丸駅の先、白丸湖にかかる数馬峡橋のたもと、もしくは鳩ノ巣トンネル手前を右折すると無料の町営駐車場がある。白丸駅周辺に駐車して青梅線で戻るか、鳩ノ巣駅周辺に停めて逆コースにしてもよい。

コースタイム

①白丸駅 →0.6km/15分→ ②数馬の切通し →0.5km/20分→ ③数馬峡橋 →1.0km/30分→ ④白丸ダム →0.5km/30分→ ⑤鳩ノ巣小橋 →0.5km/10分→ ⑥鳩ノ巣駅

（復路）①15分 ②20分 ③30分 ④30分 ⑤10分

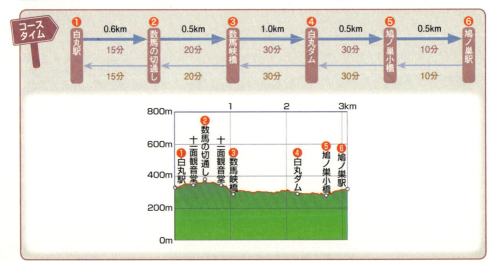

関連情報●白丸湖遊歩道（数馬峡橋～白丸ダム）の通行止めに関する情報は、奥多摩ビジターセンター☎0428-83-2037で聞くとよい。

鳩ノ巣小橋近くの渓谷核心部

水場チェック
コース中に水場はないので、白丸駅で給水していく。

トイレチェック
コース中には白丸ダムの魚道入口にあるだけなので、起点の白丸駅で用を足してから出発したほうがよい。鳩ノ巣駅近くの町営駐車場にもある。

● 問合せ先

奥多摩町役場　☎0428・83・2111
http://www.town.okutama.tokyo.jp/
奥多摩観光協会　☎0428・83・2152
http://www.okutama.gr.jp/

立ち寄りスポット　数馬の切通し

白丸から現在の奥多摩駅のある氷川への青梅街道は、ゴンザス尾根を越えて急斜面を下る「根岩越え」の難所を通過しなければならなかった。数馬の切通しが拓かれたのは元禄期だが、誰が拓いたかははっきりしない。安藤精一著の『奥多摩歴史物語』によると、初めはようやく人が通行できるような杣道（そまみち）だったようだ。焚き火で岩を熱くし、それに水をかけて亀裂を入れて割っていったという。ハッパのない時代の開さくは並たいていの苦労ではなかった。

宝暦年間に立てられた道供養の碑が立つ

関連情報● ダムの放流があるときは増水するので、鳩ノ巣渓谷などを歩いているときは注意が必要だ。

江戸と青梅を結ぶ青梅街道は、青梅で終わることなくさらに山間に入って、大菩薩峠を越えて甲州まで伸びていた。その最大の難所に拓かれたのが数馬の切通し。これで青梅街道の交通は一挙に便利になった。そして、多摩川がその流れの中でも一二を争う渓谷美を見せるのがこのあたり。数馬の切通しから流れに沿って鳩ノ巣駅まで下ろう。

白丸駅❶〜数馬の切通し❷

秘境駅の雰囲気さえ漂う白丸駅

鬱蒼とした木々の中にある数馬の切通し

　まわりに人家が見えず、「東京唯一の秘境駅」と呼ばれることもある**白丸駅❶**から出発する。プラットホームから降りると、すぐに案内板がある。線路沿いに延びる道をゆっくりと登っていく。右に「川合玉堂も愛した白丸散策コース」の道標のある道を分ける。この道標に従っていくと、数馬の切通しが拓かれる以前の青梅街道といわれる石畳の道があるので、ちょっと寄ってみよう。

　クルマがかろうじて通れるほどの舗装路をいくと、右に十一面観音の祠が一段高いところにある。今でも信仰篤く、この祠は大切に守られている。ここから下りになり、左に青梅街道への舗装路を分けて、数馬の切通しへは未舗装の道で植林に入っていく。

素朴な信仰を集めた十一面観音

　道は尾根を回り込む道と尾根を乗り越える道がある。乗り越える道は元禄時代（1688〜1704年）の道、回り込む道が嘉永時代（1848〜1854年）の道だという。尾根の先、正面に岩塊が見えてくる。この岩塊を二つに分けて道を通したのが**数馬の切通し❷**だ。

　切通しを抜けると、右側は岩場がそそり立

江戸時代から残る切通しへの道

ち、左手はすっぱりと切り落ちている。その先で道は行き止まりになっている。

数馬の切通し❷〜白丸ダム❹

　切通しからは先ほどの舗装路に戻り、青梅街道に出る。青梅街道を渡ると**数馬峡橋❸**だ。橋の手前に小説家・川端康成の歌碑が、橋を渡ったところには日本画家・奥田元宋の歌碑があるので立ち寄ろう。橋を渡った先は左に白丸湖遊歩道があるが、2011年の東日本大震災により落石の危険があるため、2015年10月現在通行止めになっているので、青梅街道を迂回する。ただし、青梅街道は交通量も多く、歩道のないところが多いので注意して歩こう。

　青梅街道を行き、花折トンネルの手間で、「白丸魚道入口」の標識にしたがって右に入

白丸ダムにある魚道に立ち寄りたい

風情ある吊り橋の鳩ノ巣小橋

玉川水神社の前にある水神の滝

っていく。白丸魚道が見学できる日は土曜・日曜が主だが、「地底探検」のようなおもしろさがあるから、ぜひ立ち寄りたい。魚道の見学コースを出ると、白丸ダム❹の上に出る。

白丸ダム❹〜鳩ノ巣駅❻

　白丸ダムを渡って左手に進む。休憩舎のある広場を過ぎると、急な石段の下りが連続して一気に河原に出る。大きな岩とそれをはむ水流のダイナミックな光景が目の前に広がる。やや歩きにくい道なので注意して進もう。
　前方に見えてくるのが鳩ノ巣小橋❺だ。吊り橋だが安心して渡ることができる。渡り切ったところの右側にはギャラリーぽっぽがある。まっすぐに進む道は、日帰り入浴もできる「奥多摩の風はとのす荘」への道だ。
　最後の楽しみは滝見だ。橋を渡ったところからぽっぽを右へいこう。玉川水神社の前には水神の滝、少し登ったところには二筋のダイナミックな流れの双竜の滝がある。先ほどの鳩ノ巣小橋のたもとまで戻って、急な坂道を登るとはとのす荘の玄関前に出る。青梅街道を右に行き、橋を渡ったら左に登っていけば鳩ノ巣駅❻に到着する。　　　　　（岡田）

青梅街道今昔

　数馬の切通しができて、青梅街道は一つの難所が緩和された。青梅街道は内藤新宿から青梅を経て、山梨県甲府の東で甲州街道と合流する道。慶長11（1606）年に、江戸城修築の城壁に用いるために、武州多摩郡の上成木村・北小曽木村（現在の青梅市）産出の石灰を運ぶ道として、大久保石見守長安によって拓かれたと伝えられている。
　青梅から御岳山麓を経て、多摩川の上流へと延びた青梅街道は、元禄年間に数馬の切通しが開通することで往来も盛んになった。氷川（現在の奥多摩駅のあるところ）から「奥多摩むかし道」をたどり、さらに小河内ダムあたりからは川沿いを行ったと考えられている。その道は、今では奥多摩湖の湖底に沈んでいる。
　奥多摩湖が終わるあたり、雲取山への登山口となる鴨沢の手前で甲州（山梨県）に入るが、ここは昔も今も都県境らしい雰囲気がない。
　再び、多摩川の流れとなって丹波山村に入ると、現在の青梅街道（国道411号）と分かれ、山に分け入っていき、青梅街道最大の難所「大菩薩峠越え」へ山道を登っていく。
　峠の直下には「荷渡し場跡」があり、物資の流通が盛んに行われたことを物語っている。登り切れば、大菩薩峠。富士山、南アルプスを望む絶景の地。下り切ると、裂石（甲州市）で再び現在の青梅街道を合流し、甲府を目指していく。青梅から裂石までの青梅街道は、多くの山好きが幾度も通う山々に抱かれた街道だ。

ゴンザス尾根へ向かう石畳の道

白丸にある歴史を感じさせる古い民家

東京都・埼玉県

7 静けさ漂う尾根歩き

健脚向き

標高	1473m
歩行時間	7時間35分
最大標高差	960m
体力度	★★★
技術度	★☆☆
1/2.5万地形図	武蔵日原

蕎麦粒山（そばつぶやま）

登山適期とコースの魅力

ヨコスズ尾根中腹から都県界尾根はブナやミズナラ、カエデの雑木林で、新緑の時期が美しい。5月下旬〜6月上旬にはシロヤシオも見られる。

| 1月 | 2月 | 3月 | 4月 | 5月 | 6月 | 7月 | 8月 | 9月 | 10月 | 11月 | 12月 |

新緑：4月〜6月
アカヤシオ
シロヤシオ
紅葉：10月〜11月

●山のツツジ

ヨコスズ尾根上部は、シロヤシオやヤマツツジなど、山のツツジが多く見られる。花の時期もよいが、紅葉も魅力だ。

●ブナの原生林

天目山から仙元峠にかけての天目背稜にはブナが多く、中には樹齢200年を超えるものもある。新緑、紅葉の時期が見事。

アクセス

電車で
新宿駅 → JR中央線 立川駅経由青梅線 1時間50分 1080円 → 奥多摩駅 → 西東京バス 30分 460円 → 東日原バス停

午前中の奥多摩駅からのバスは1時間に1本。平日は7時4分、8時10分、土曜・休日は7時27分、8時35分が利用できる程度。帰りの奥多摩駅行き最終は平日18時52分、土曜・休日18時57分（2015年10月現在）。

クルマで
圏央道青梅IC → 都道63号・国道411号（青梅街道）経由 27km → 奥多摩駅 → 都道204号（日原街道）9km → 東日原

日原トンネルを出たところに駐車場がある。登山客だけでなく、釣り客なども利用するため混み合うので、早朝着を心がけたい。

コースタイム

東日原バス停 →4.7km 2時間30分/1時間40分→ 一杯水避難小屋 →0.6km 25分/20分→ 三ツドッケ →0.6km 20分/25分→ 一杯水避難小屋 →2.4km 1時間10分/50分→ 仙元峠 →0.7km 20分/20分→ 蕎麦粒山 →3.1km 1時間10分/1時間30分→ 一杯水避難小屋 →4.7km 1時間40分/2時間30分→ 東日原バス停

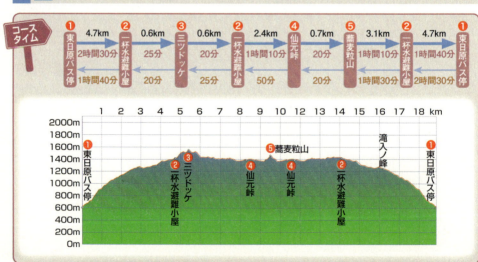

水場チェック
一杯水避難小屋に水場があるが、涸れていることや水量が少ないことが多い。東日原で十分準備していきたい。

トイレチェック
バスを降りた東日原バス停と一杯水避難小屋にある。

● 問合せ先
奥多摩町役場 ☎0428・83・2111
http://www.town.okutama.tokyo.jp/
奥多摩観光協会 ☎0428・83・2152
http://www.okutama.gr.jp/
西東京バス氷川車庫
☎0428・83・2126
http://www.nisitokyobus.co.jp/

三ツドッケの眺め。富士山がうっすら見える

関連情報 ● 日原林道周辺にはトチノキやカツラなど、多くの巨樹が見られる。日原森林館で情報を得て、巨樹めぐりを楽しむのもおすすめ。

雲取山をピークに東に延びる、東京都と埼玉県の境をなす尾根。そのピークのひとつである蕎麦粒山（くもとりやま）は、そばの実を立てたような三角形の山容が印象的な山だ。アプローチが長いぶん、奥多摩の山深さを満喫できるだろう。日帰りで歩くにはかなり行程が長いので、くれぐれも早発ちを心がけたい。一杯水避難小屋をベースにした1泊2日行程もおすすめだ。

コースガイド 東日原バス停❶〜三ツドッケ❸

東日原バス停❶（ひがしにっぱら）から少し進み、「仙元峠、天目山登山口」（せんげんとうげ、てんもくざん）と書かれた電柱の表示に従って右へ。民家が点在するなか、コンクリート舗装された急な道路を進み、配水場の脇から山道に入る。

杉林の中をジグザグにつけられた登山道を進んでいく。途中、右側に金網がつけられたところは氷川鉱山（ひかわ）の看板がとりつけられ、登山道に石灰岩の白い石が落ちている。高度を上げていくうちに、樹林がカエデやコナラなどの広葉樹になってくる。傾斜が緩み、尾根が広くなってくると、木々の間から川苔山（かわのりやま）や本仁田山（ほにたやま）などが右手に見え始める。

小屋情報　一杯水避難小屋

ヨコスズ尾根上に建つ避難小屋。収容は15人程度、板敷きの広々としたスペースで、宿泊はもちろん、悪天候時の休憩にも適している。一杯水の水場までは徒歩5分ほどだが、水量が少なめなので、宿泊するときは水の用意をしておきたい。
☎042・521・2947（東京都多摩環境事務所）

白い壁と赤い屋根が目印

カエデやミズナラの広葉樹が美しい尾根道

滝入ノ峰（たきいりのみね）を右からずっと巻きながら進む。平坦で快適な道が続き、再び尾根に戻ると、左手前方には樹林越しに都県界尾根が連なっているのが眺められる。ミズナラやカエデ、ツツジの明るい広葉樹で、新緑の季節にはツツジの花が、秋には赤や黄色の紅葉が美しいところだ。

カラマツの木々が目立つようになってくると、**一杯水避難小屋❷**はすぐだ。高台に建つ白い壁に赤い屋根の建物がよく目立つ。三ツドッケ（天目山）へは、小屋の裏側から登山道に入る。やや急な坂を登っていき、いったん岩場を下り、さらに急な登りを詰めると**三ツドッケ❸**の山頂につく。

それほど広くない山頂だが、見晴らしはすばらしい。とくに東〜南側の眺望がよく、間近に雲取山から鷹ノ巣山（たかのすやま）、六ツ石山へと続く石尾根が眺められる。奥武蔵、奥多摩の山々も、天気に恵まれれば富士山の姿も確認できるだろう。時間を取ってゆっくり景色を楽し

三ツドッケ（天目山）の山頂

三ツドッケ山頂から石尾根を望む

ベンチとテーブルもある一杯水避難小屋の前

んでいきたい。ちなみに、「ドッケ」とは、秩父地方の言葉で、尖った峰のこと。三ツドッケは三つのピークがある山である。

三ツドッケ❸〜蕎麦粒山❺

すばらしい展望を満喫したら、いったん避難小屋まで戻り、道標に従って蕎麦粒山に向かう。すぐに一杯水の水場を過ぎ、平坦な道を進んでいく。カエデやミズナラの明るい林だ。

仙元峠には小さな祠が立つ

なだらかで歩きやすい登山道を快適に進んでいくと、仙元峠と巻き道の分岐に出る。急な登りを一気に詰めて仙元峠へ向かう。仙元峠❹はかつて秩父と多摩を結ぶ唯一の峠であった。上州や秩父の富士講の信者は、この峠を越えて甲州に向かった。かつては眺めがよく、ここから富士山が眺められたのだというが、今は樹林に囲まれ、小さな祠が往時を思わせるだけだ。

急な道を下って蕎麦粒山への道に戻り、ブナやダケカンバの茂る尾根道を登っていく。三角点の立つ蕎麦粒山❺の山頂に到着する。南東の方向が開けていて、すぐそばに見えているのは尾根続きの日向沢ノ峰や川苔山だ。

蕎麦粒山❺〜東日原バス停❶

帰りは来た道を戻って東日原バス停❶へ。仙元峠の巻き道を進むと早い。仙元峠から一杯水へ向かう尾根からは、三ツドッケがいくつものピークに見えるのも楽しい。　　（西野）

蕎麦粒山の山頂

立ち寄りスポット　奥多摩巨樹の里 日原森林館

日原は樹齢数百年、千年以上の巨樹が多く見られる巨樹の里。日原森林館は、巨樹や巨樹を育む森林の魅力をさまざまな展示や解説で紹介する施設だ。レクチャールームでは全国各地の巨樹を紹介する映像を上映している。また、周辺地域の巨樹の解説もしてもらえる。
入館料200円／10時〜17時（12〜3月は16時まで）／月曜休（祝日の場合は翌日休）／駐車場10台／☎0428・83・3300

建物もウッディな造りだ

東京都

8 奥多摩山域の中央、展望の山

一般向き

標高	1479m
歩行時間	4時間25分
最大標高差	1010m
体力度	★★☆
技術度	★☆☆

1/2.5万地形図　奥多摩湖

六ツ石山
（むついしやま）

登山適期とコースの魅力

展望を楽しむなら晩秋から春先にかけて。山頂近くのカラマツやダケカンバなどの樹林は、新緑・紅葉の時期がことさらに美しい。

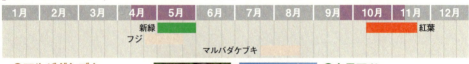

- 1月　2月　3月　4月　5月　6月　7月　8月　9月　10月　11月　12月
- 新緑（4月〜5月）
- フジ
- マルバダケブキ
- 紅葉（10月〜11月）

●マルバダケブキ

山地の湿った林の中に見られるキク科の花で、トオノクボ周辺に多い。7〜8月に、丸々した葉と黄色の花がよく目立つ。

●カラマツ

日本の針葉樹の中では唯一落葉する木で、漢字では「落葉松」と書く。秋には黄葉した葉が落葉するさまが光のシャワーのよう。

アクセス

電車で：新宿駅 → JR中央線 立川駅経由青梅線 1時間50分 1080円 → 奥多摩駅 → 西東京バス 13分 350円 → 水根バス停

奥多摩駅からのバスは土曜・休日は7時台3本、8時台・9時台は各1本。平日8時42分、土曜・休日8時35分発あたりが好都合だろう（2015年10月現在）。

クルマで：圏央道青梅IC → 都道63号・国道411号（青梅街道）経由 27km → 奥多摩駅 → 国道411号（青梅街道）6km → 水根バス停

クルマの場合は、水根バス停脇に広い駐車場がある。

コースタイム

①水根バス停 →0.9km 20分→ ②産土神社 →1.5km 1時間30分→ ③トオノクボ →1.2km 50分→ ④六ツ石山 →1.2km 30分→ ③トオノクボ →1.5km 1時間→ ②産土神社 →0.9km 15分→ ①水根バス停

（復路：15分／1時間／30分／50分／1時間30分／20分）

登山道へ向かう舗装道路から奥多摩湖を望む

 水場チェック
コース中にはない。

トイレチェック
コース中では水根バス停駐車場奥にある。奥多摩水と緑のふれあい館など、小河内ダム付近にも。

●**問合せ先**
奥多摩町役場 ☎0428・83・2111
http://www.town.okutama.tokyo.jp/
奥多摩観光協会 ☎0428・83・2152
http://www.okutama.gr.jp/
西東京バス氷川車庫
☎0428・83・2126　http://www.nisitokyobus.co.jp/

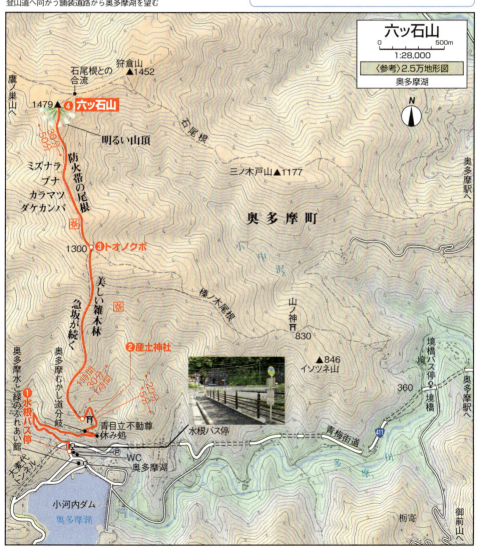

関連情報● トオノクボから東に伸びる榛ノ木（はんのき）尾根。かつては登山道があり、境橋に下山することができたが、現在は踏み跡もほとんど残っておらず、篤志家向けバリエーションルートとなっている。

人々の信仰を集めた産土神社

トオノクボへの登りは「奥多摩三大急登」のひとつともいわれる

雲取山から東へ伸びる石尾根にそびえる六ツ石山。奥多摩山域のほぼ中央に位置しており、奥多摩の山々が間近に眺められる眺望が魅力だ。ここでは山頂への最短ルートである水根からの往復ルートを紹介するが、石尾根を奥多摩駅へ下るルートもよく歩かれている。

水根バス停❶〜トオノクボ❸

スタートは**水根バス停❶**から。来た道を少し戻り、青梅街道を横断して、大麦代トンネルを左に見ながら、水根沢キャンプ場へ向かう細い舗装道路に入る。道標に従って、六ツ石山方面に進んでいく。標高を上げていくにつれ、山々に囲まれた奥多摩湖が眼下に眺められる。青目立不動尊休み処の看板を通り過ぎて

青目立不動尊休み処の建物

さらに進み、民家の間の急な坂を登り、山道に取り付く。

登り始めると、杉の植林帯に入っていく。ほどなく赤い鳥居のある**産土神社❷**につく。山の安全、土地の平安をつかさどる大山祇命を主神とし、地元の人々からは「うぶすなさま」と呼ばれ、敬われてきた山の神だ。

はじめは登りやすいつづら折れの道だが、だんだん傾斜が増し、さらに細い岩尾根も現れる。このルートが「奥多摩三大急登」のひとつに数えられるのもうなずける。登っていくうちに、樹林が明るい広葉樹の林になり、少し傾斜が緩んでくるとほどなく、榛ノ木尾根との分岐、**トオノクボ❸**に到着する。

トオノクボ❸〜六ツ石山❹

トオノクボ周辺はワラビが一面に茂り、夏はマルバダケブキの群落が、鮮やかな黄色い花をあちこちに咲かせている。草原の中につけられた急な道をひと登りで、広い尾根道に

立ち寄りスポット　奥多摩 水と緑のふれあい館

奥多摩湖の湖畔に建ち、奥多摩の自然と歴史、水と自然の大切さやダムの仕組みなどを分かりやすく解説する施設。小河内ダムや奥多摩の自然を迫力ある映像で楽しめる3Dシアターも見どころだ。館内には、奥多摩の名産品を扱うショップや、景色を楽しみながら奥多摩の郷土料理が味わえるパノラマレストランもある。

入館無料／9時30分〜17時／水曜休（祝日の場合は翌日休）／駐車場あり／☎0428・86・2731／奥多摩湖バス停前

奥多摩湖のほとりにある水と緑のふれあい館

マルバダケブキの群落の中を歩く

ダケカンバやミズナラなど広葉樹の明るい防火帯

出る。ミズナラやダケカンバ、カラマツなどが茂る明るい林。高度をぐんぐん上げていくが、広く快適な道に登りもはかどる。

山頂直下が少しザレて急なところがあるが、左手の樹林の間から鷹ノ巣山が見えてくると<mark>六ツ石山❹</mark>の山頂は間近だ。広い草原状の山頂に、古い木の山名標が立てられている。西側が開けていて、鷹ノ巣山から七ツ石山へつながる尾根が眺められる。木々が葉を落とす晩秋から冬になれば、大岳山や御前山など、奥多摩三山をはじめとする山々も、間近に眺められるだろう。

六ツ石山❹〜水根バス停❶

帰りは来た道を戻る。明るく快適な尾根道を進み、トオノクボからは針葉樹林の中の急な下り道を進む。疲れも出ている頃なので、慎重に歩きたいところだ。山道から舗装道路に出れば、どんどん近くなってくる奥多摩湖の姿に励まされながら、ゴールの<mark>水根バス停</mark>

❶までは20分ほどの道のりだ。

バスの時間に余裕があれば、行きに通り過ぎた青目立不動尊休み処に立ち寄っていこう。手打ちそばやおにぎりなどのほか、おしるこやソフトクリームといった甘味もある。民芸調の店内でのんびりくつろぎたい。あるいは、水根バス停から少し足を伸ばして、奥多摩水と緑のふれあい館に立ち寄るのもいいだろう。
（西野）

立ち寄りスポット　奥多摩湖

多摩川を小河内（おごうち）ダムでせき止めて造られた人造湖で、昭和32（1957）年に完成した。当時は水道専用の貯水池としては世界最大規模であったという。ダム建設にあたっては、水没してしまう旧小河内村、山梨県丹波村、小菅村の945世帯、約6000人が移転を余儀なくされている。湖畔には、旧小河内村を歌った「湖底の故郷」の歌碑が建てられている。

奥多摩湖の湖畔には約1万本ものサクラが植えられ、毎年4月中旬頃、青々とした水をたたえた湖を彩るようにピンクの花を咲かせる。

道標の立つ六ツ石山の山頂

奥多摩湖にある『湖底の故郷』の歌碑

東京都

9 広葉樹の美しい尾根から展望の頂へ

健脚向き

標高	1737m
歩行時間	6時間25分
最大標高差	1120m
体力度	★★★
技術度	★☆☆
1/2.5万地形図	奥多摩湖、武蔵日原

鷹ノ巣山
（たかのすやま）

登山適期とコースの魅力

登りで歩く稲村尾根はコナラやカエデなどの広葉樹、石尾根はカラマツの林が美しい。春の新緑、秋の紅葉ともに見事な景観だ。

1月	2月	3月	4月	5月	6月	7月	8月	9月	10月	11月	12月
			新緑								
		ヤマツツジ、サラサドウダン									
		サクラ（倉戸山）									
									紅葉		

● **稲村尾根の紅葉**
カエデやコナラの樹林は、秋には赤や黄色に彩られる。沢沿いの紅葉もすばらしい。紅葉の見頃は10月中旬〜11月上旬。

● **秋の草花**
石尾根の明るい尾根道は、秋にはススキで彩られる。足元にはリンドウやミヤマアキノキリンソウなどの可憐な花も。

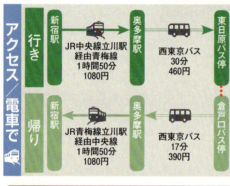

アクセス／電車で

行き：新宿駅 → JR中央線立川駅経由青梅線 1時間50分 1080円 → 奥多摩駅 → 西東京バス 30分 460円 → 東日原バス停

帰り：倉戸口バス停 → 西東京バス 17分 390円 → 奥多摩駅 → JR青梅線立川駅経由中央線 1時間50分 1080円 → 新宿駅

アクセス／クルマで

圏央道青梅IC → 都道63号・国道411号（青梅街道）経由 26km → 奥多摩駅 → 都道204号（日原街道）9km → 東日原

午前中の奥多摩駅からのバスは1時間に1本。平日は7時4分、8時10分、土・日曜は7時27分、8時35分が利用できる程度（2015年10月現在）。

日原トンネルを出たところの駐車場に停める。シーズンは混み合うので、早朝着を心がけたい。クルマの場合は山頂往復になる。

コースタイム

① 東日原バス停 —1.0km 15分/15分— ② 巳ノ戸橋 —1.0km 50分/40分— ③ 稲村岩の肩 —0.2km 15分/15分— ④ 稲村岩 —1.9km 1時間50分/1時間— ⑤ ヒルメシクイノタワ —0.6km 30分/20分— ⑥ 鷹ノ巣山 —4.7km 1時間45分/2時間30分— ⑦ 倉戸山 —2.6km 1時間/1時間30分— ⑧ 倉戸口バス停

立ち寄りスポット　鶴の湯温泉と温泉神社

奥多摩湖の湖畔に湧く鶴の湯温泉は、600年以上の歴史をもつ。もとの場所は小河内ダムの湖底に沈んでしまったが、湖底から温泉をポンプアップしている。温泉神社は温泉の守り神。こちらもダムの完成と同時に現在の場所に移転した。鶴の湯の名前の由来は、2羽の傷ついた鶴が、湧きだす水に浸かって傷を癒しているのを見て、村人が温泉の存在を知ったということから。

温泉神社の社殿は倉戸山からの下り道にある。愛らしい表情の石仏も

関連情報●鶴の湯温泉の源泉は、室沢トンネルの先のトンネルを出たところにある。奥多摩湖周辺で温泉を引いている宿は、馬頭館や民宿小河内荘など。

雲取山から奥多摩駅へと続く石尾根にそびえる鷹ノ巣山。ここでは稲村尾根を登り、榧ノ木尾根を下るルートを紹介する。奥多摩屈指の登りと称される稲村尾根を登り切れば、広々とした山頂ですばらしい展望が待っている。カラマツ林の石尾根から雑木林の榧ノ木尾根も快適だ。

東日原バス停❶〜稲村岩❹

沢沿いの道は夏でもひんやりしている

東日原から巳ノ戸橋へ。目の前に稲村岩が

東日原バス停
❶をスタートし、空を突き刺すようにそびえる稲村岩を目の前に眺めながら、西に向かって歩いていく。中日原バス停の先から、道標に従って左へ入る。一気に下り、**巳ノ戸橋**❷で日原川を渡ると、稲村尾根に取り付く。

ジグザグの急登が続き、ほどなく沢沿いの道になる。木の橋で何度か沢を渡っていくが、水の流れる音が心地よく、ときどき沢に下りることもできる。夏でもひんやりとした風が吹き抜ける。とはいえ、やや浮き石が多く歩きにくいところもあるので注意が必要だ。し

ばらく進み、沢から離れると、さらに急坂が続く。息を切らしながら登り切ったところが**稲村岩の肩**❸。

時間が許せば**稲村岩**❹に立ち寄っていこう。石灰岩の露出した尾根を進んでいくが、岩をよじ登るような箇所、踏み跡の分かりにくい箇所があるので、距離は短いが十分慎重に。稲村岩の頂からの景色はすばらしい。目の前には、これから歩く稲村尾根、そして石尾根方向が眺められる。

稲村岩❹〜鷹ノ巣山❻

稲村岩の肩まで戻り、再び稲村尾根を登っていく。ひたすら続く登り道で、見晴らしはきかない。登っていくうちに、樹林はコナラやカエデの広葉樹が多くなってくる。緑が輝く新緑、葉が鮮やかに色づく紅葉の時期は、足を止めたくなる美しさだ。

登り続け、少し勾配が緩んだところが**ヒルメシグイノタワ**❺。道標はないが、タワ＝鞍部の地形でよく分かる。ここからは、日原側の斜面を一気に登っていく。少し岩が露出しているところもあるが、快適に歩ける。

登り切ったところが**鷹ノ巣山**❻山頂だ。南側が開け、すばらしい景色が広がっている。正面には富士山が裾野を広げている。三頭山、大岳山、御前山の奥多摩三山も一望に見渡せる。奥には丹沢の山々もうっすらと眺められるだろう。さらに天気に恵まれれば、滝子山から大菩薩嶺へと続く小金沢連嶺の山並

水場チェック
鷹ノ巣山から雲取山方向に下った鷹ノ巣避難小屋近くにあるが、コース中にはない。

トイレチェック
水場と同じく、鷹ノ巣避難小屋近くにあるが、コース中にはない。

●問合せ先
奥多摩町役場　☎0428・83・2111
http://www.town.okutama.tokyo.jp/
奥多摩観光協会　☎0428・83・2152
http://www.okutama.gr.jp/
西東京バス氷川車庫
☎0428・83・2126
http://www.nisitokyobus.co.jp/

稲村岩への登り。大きな岩をよじ登る

快適な稜線がどこまでも続くような石尾根

広々とした鷹ノ巣山の山頂

みも見渡せる。左に見えている尾根は、六ツ石山へと続く石尾根。時間をとって、山座同定を楽しみたいところだ。

鷹ノ巣山❻～倉戸口バス停❽

下りは石尾根から榧ノ木尾根へ向かう。明るく開けた石尾根は、秋にはススキが茂り郷愁をそそる。下り始めてほどなく、石尾根から倉戸山・熱海・水根方面への道標に従って右へ。はじめはカラマツの林、歩いていくう

ちにブナなどの広葉樹林に変わっていく。榧ノ木山の山頂付近は、尾根が広くなっていて踏み跡も不明瞭なところがある。とくに落ち葉の多い時期は分かりにくい。コンパスで方向を確認しつつ、基本的に「尾根通しに歩く」と覚えておくといい。

樹林に針葉樹が混じり始めるとほどなく、倉戸山❼に到着する。広々とした静かな山頂で、春にはヤマザクラが咲く。山名標と離れたところに三角点がある。山頂から峰谷と熱海・倉戸口方面に分岐するので、倉戸口方面に進む。下り始めは道が若干分かりづらいので、慎重に。広葉樹林をどんどん下っていくと、やがてコンクリートの舗装道路となり、右手に温泉神社の社殿が現れるので、お参りしていこう。

ここからは奥多摩湖を眺めながら舗装道路を下り、青梅街道に出れば倉戸口バス停❽はもうすぐだ。青梅街道は車の往来が多いので、十分注意したい。　　　　　　　　　　（西野）

鷹ノ巣山からは富士山もくっきりと眺められる

ブナ林が心地よい榧ノ木尾根

東京都

10 展望の尾根を歩き東京都の最高峰へ

健脚向き

標高	2017m
歩行時間	1日目5時間45分
	2日目7時間45分
最大標高差	1480m
体力度	★★★
技術度	★☆☆
1/2.5万地形図	雲取山、丹波、奥多摩湖

雲取山
くもとりやま

登山適期とコースの魅力

山頂や石尾根縦走路からの展望が魅力。空気が澄む晩秋がいい。冬は軽アイゼン等の装備を。

1月	2月	3月	4月	5月	6月	7月	8月	9月	10月	11月	12月
				新緑						紅葉	
				シャクナゲ							
				マルバダケブキ							
						コオニユリ					
								ヤナギラン			

●360度の展望

雲取山の山頂からは、360度の大パノラマ。雲取避難小屋の前からは都心の高層ビル群や東京スカイツリーも眺められる。

●石尾根のカラマツ

石尾根はカラマツやナナカマドが多く見られる。晩秋にはカラマツの黄色、ナナカマドの赤が青空に映えて美しい。

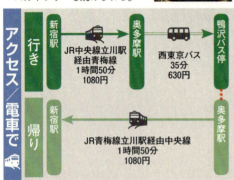

アクセス/電車で

行き: 新宿駅 → JR中央線立川駅経由青梅線 1時間50分 1080円 → 奥多摩駅 → 西東京バス 35分 630円 → 鴨沢バス停

帰り: 奥多摩駅 → JR青梅線立川駅経由中央線 1時間50分 1080円 → 新宿駅

午前中の奥多摩駅からのバスは1時間に1本程度。利用できるのは土曜・休日8時35分、9時30分発、平日の8時42分あたりになるだろう(2015年10月現在)。

アクセス/クルマで

圏央道青梅IC → 都道63号・国道411号(青梅街道)経由 26km → 奥多摩駅 → 国道411号(青梅街道)15km → 鴨沢

青梅街道鴨沢バス停付近の左手、青梅街道に沿って10台分ほどの駐車場がある。目の前が鴨沢の集落なので、早朝などは騒音に注意すること。小袖乗越付近にも数台の駐車スペースがある。

コースタイム

❶鴨沢バス停 →4.6km 2時間15分/1時間40分→ ❷堂所 →3.4km 1時間30分/1時間→ ❸ブナ坂 →3.2km 1時間40分/55分→ ❹雲取山 →0.7km 20分/30分→ ❺雲取山荘(泊) →4.4km 1時間45分/2時間10分→ ❻七ツ石山 →5.3km 2時間/2時間10分→ ❼鷹ノ巣山 →4.2km 1時間40分/2時間10分→ ❽六ツ石山 →6.6km 2時間20分/3時間10分→ ❾奥多摩駅

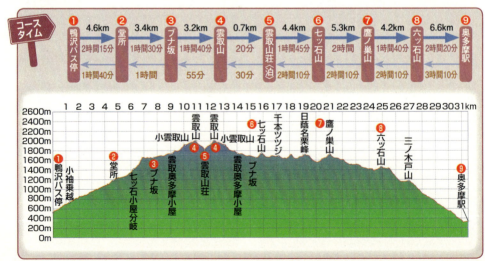

関連情報●このルートは2日目の行程が非常に長いが、浅間尾根や榧ノ木尾根、水根沢林道など、石尾根から奥多摩湖方面に下山できる尾根道が何本もある。体力に合わせてルートを考慮したい。

雲取山山頂から富士山を望む

　東京都の最高峰にして、東京、山梨、埼玉の三都県にまたがる雲取山。奥多摩の最奥部にそびえ、多くの尾根道が整備されている。最短で登頂できる鴨沢から登り、山上の山小屋で1泊して石尾根を下山する。

水場チェック
水は、堂所下、七ツ石小屋の分岐先、奥多摩小屋下、雲取山荘で得られる。石尾根では鷹ノ巣山避難小屋近くにあるが、涸れていることもあるので、雲取山荘で十分用意すること。

トイレチェック
鴨沢バス停脇にある。コース上では奥多摩小屋（有料）、雲取山頂、鷹ノ巣避難小屋にある。雲取山荘のトイレは水洗で清潔。

●問合せ先
奥多摩町役場　☎0428・83・2111
http://www.town.okutama.tokyo.jp/
奥多摩観光協会　☎0428・83・2152
http://www.okutama.gr.jp/
西東京バス氷川車庫
☎0428・83・2126
http://www.nisitokyobus.co.jp/

コースガイド

鴨沢バス停❶〜ブナ坂❸

　鴨沢バス停❶をスタートし、トイレの脇からコンクリートの舗装道路を登っていく。集落の中を進んでいくとすぐに山道になり、緩やかに登っていく。小袖乗越でいったん車道に出るが、すぐまた道標に従って山道を歩く。
　始めは針葉樹の森が続くなかを緩やかにジグザグと登り続ける。ところどころに広場があり、よい休憩ポイントになっている。歩いていくうちに広葉樹が増え、ほどなく**堂所❷**につく。やや広い平地になっているところだ。
　堂所からは少し岩が露出しているところもある。周りはカエデやダケカンバの樹林。少しずつ勾配を増してくるとブナ坂への巻き道が現れる。1本目の巻き道は巻かずに右に進み、少し登ると七ツ石小屋。建物の奥に眺めのよい広場があり、休憩によい。小屋のすぐ先で再び七ツ石山への直登ルートと巻き道に分岐するので、今度は巻き道へ。途中の水場でのどをうるおし、斜面をトラバースしていくと、**ブナ坂❸**にたどりつく。

ブナ坂❸〜雲取山荘❺

　ここから石尾根縦走路に取り付き、雲取山に向かって標高を上げていく。道幅が広く、

小屋情報　雲取山荘

　雲取山の山頂直下に建つ山小屋で、創業は昭和4（1929）年。収容200名、ログハウス調の建物だ。客室は個室だが混雑時は相部屋となる。寒い時期はこたつで温まることもできる。東側が開けたロケーションで、小屋の前から朝日を眺めることができるのも嬉しい。山バッジはじめ小屋のオリジナルグッズも豊富。
1泊2食7800円、素泊まり5300円／通年営業／☎0494・23・3338

現在の建物は平成11年に新築した

堂所から七ツ石山の分岐に向かう

関連情報●ルート上には宿泊可能な小屋が点在する。七ツ石小屋と奥多摩小屋は管理人が常駐し、素泊まりのみの営業。雲取山避難小屋と鷹ノ巣山避難小屋は無人。

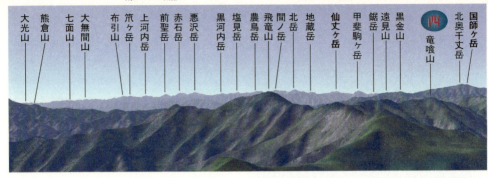

南アルプス南部　　　　南アルプス北部

大光山／熊倉山／七面山／大無間山／布引山／笊ヶ岳／上河内岳／前聖岳／赤石岳／悪沢岳／黒河内岳／塩見岳／農鳥岳／飛竜山／間ノ岳／北岳／地蔵岳／仙丈ヶ岳／甲斐駒ヶ岳／鋸岳／遠見山／黒金山／西／北奥千丈岳／国師ヶ岳／竜喰山

明るく開けた快適な登山道だ。カラマツの樹林も心地よい。西側の展望が開け、大菩薩の山々や富士山が頭をのぞかせる。

テント指定地もある町営奥多摩小屋を過ぎると、道が一気に険しくなる。小雲取山への道はかなりの急登。登り切り、富田新道と合流する地点が小雲取山。ピークは笹薮のこんもりした丘の上にあるが、ごく小さな山名標が笹に埋もれるように立つだけだ。

小雲取山の先で道は再び分岐。右に進めば山頂を経由せずに雲取山荘に至るが、左に進み、山頂を目指す。緩やかに尾根を進み、最後にややガレた斜面をひと登りすると、雲取山避難小屋に到着。小屋の周りも眺めがよい。小屋のすぐ先に 雲取山❹ の山頂がある。

山名の看板の先に富士山が麗しい姿を見せ、その右に連なるのは南アルプス南部、北部の

雲取山の山頂まではあとひと息

山々。さらに甲武信ヶ岳など奥秩父の山々がどっしりとそびえる。天気に恵まれれば奥秩父の山塊の右手に北アルプスや北信の山々も眺められるだろう。富士山の左手には丹沢の山々、さらに奥多摩の山々が間近い。

雲取山から山荘までは20分ほどの道のり。奥多摩側の広葉樹林とは趣を変え、うっそうとしたツガの樹林が続く。岩が露出しているところもあるので慎重に進みたい。

雲取山荘❺ は赤い屋根がよく目立つ。館内は広く、木のぬくもりが感じられる。快適な小屋でゆっくり休息を取り、翌日に備えよう。

雲取山荘❺〜鷹ノ巣山❼

翌日も行程が長いので早発ちで。ご来光は小屋の前から眺めることもできるし、30分ほど登れば雲取山の山頂からも眺められる。前日に登頂していれば、帰りは巻き道から石尾根に出てもよい。

石尾根の稜線を眼下に、右手に富士山を眺

立ち寄りスポット　二つのレリーフ

雲取山から山荘に向かう途中に、雲取山荘初代の管理人である冨田治三郎のレリーフがある。雲取山から日原へとつながる野陣尾根を開いた、雲取山にゆかりの深い人物だ。山荘のすぐ上には、『山と渓谷』など山岳に関するすぐれた著作を多く残した、田部(たなべ)重治のレリーフもある。

山荘上には田部重治のレリーフが立つ

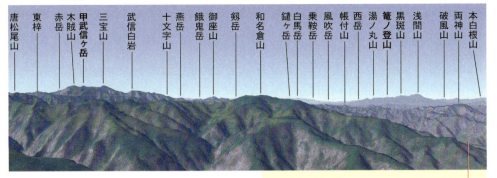

めながら下っていく。ブナ坂❸まで来た道を戻り、七ツ石山への登りにかかる。急登が続き、傾斜が緩むとほどなく七ツ石山❻の山頂だ。雲取山の山頂から歩いて来た稜線を一望に見渡せる展望が嬉しい。

　七ツ石山からの尾根道は、歩きやすい巻き道もある。赤指尾根との分岐あたりや、日陰名栗峰の巻き道はヤマツツジが多く、初夏には見事な花のトンネルとなる。巻き道と尾根道が合流し、鷹ノ巣山避難小屋からは眺めのよい尾根道を詰めて鷹ノ巣山❼へ到着する。ここもまた富士山の眺めがすばらしい。

鷹ノ巣山❼〜奥多摩駅❾

　鷹ノ巣山からは、大岳山や御前山を目の前に眺めながら草原状の斜面を下っていく。榧ノ木尾根との分岐を分け、さらに進む。城山の先で下りはかなり急になるので慎重に。下り切ったら尾根の北側を巻くように進み、六ツ石山の分岐に出る。山頂までは数分の登り

魅惑のパノラマ大展望

　雲取山は360度の展望が楽しめるが、なかでも南西から北西にかけての展望がすばらしい。北岳や甲斐駒ヶ岳、塩見岳や赤石岳など南アルプスの山々、甲武信ヶ岳や国師ヶ岳など奥秩父の山々が間近い。奥秩父の山々の右手にはうっすらと白馬岳など北アルプスも。

なので、立ち寄っていこう。

　六ツ石山❽からはどんどん高度を下げていく。明るい広葉樹林が続くが、ところどころ急斜面もあり、気が抜けない。三ノ木戸林道との分岐を左に進むと、檜や杉の樹林帯に。U字にえぐれた土の斜面がかなり滑りやすいので注意が必要だ。

　山道を下り切り車道に出たら、道標に従って奥多摩駅を目指す。ところどころ山道に入りながら山村風景の中を進むと、ほどなく羽黒三田神社に出て、さらに下り続けて青梅街道に出れば、奥多摩駅❾は近い。　　（西野）

雲取山山頂からの眺め。後方には南アルプスの山々

鷹ノ巣山の山頂。前方には大岳山、御前山を望む

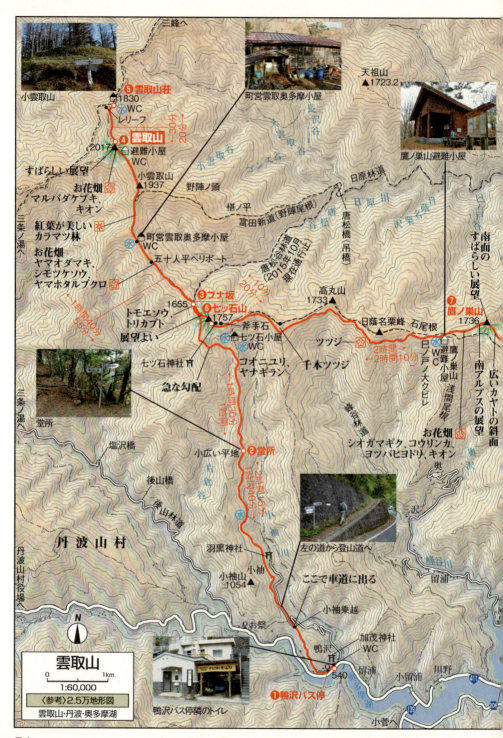

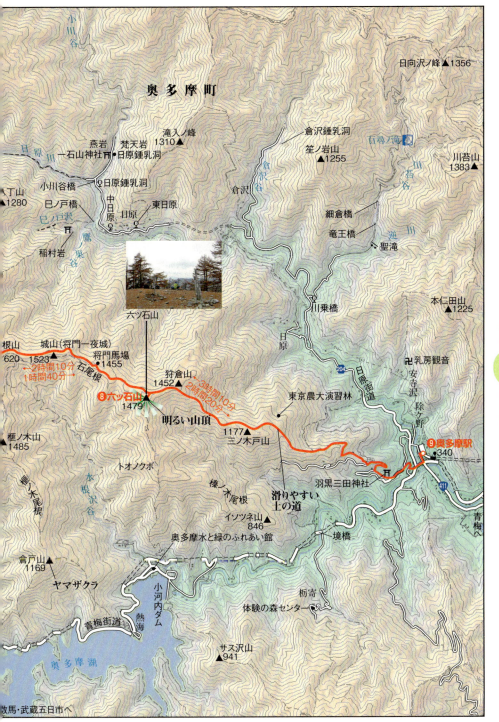

東京都

11 ケーブル利用のミニ縦走コース

御岳山・日ノ出山
みたけさん・ひのでやま

家族向き

標高	929m(御岳山)
歩行時間	2時間45分
最大標高差	95m
体力度	★☆☆
技術度	★☆☆

1/2.5万地形図　武蔵御岳

登山適期とコースの魅力
ケーブルカーを利用して気軽に楽しめるのが魅力。関東一の霊場・武蔵御嶽神社を巡り、展望もすばらしいコースだ。

1月	2月	3月	4月	5月	6月	7月	8月	9月	10月	11月	12月
			新緑								
		クルメツツジ									
			ヤマザクラ								
							レンゲショウマ				
										紅葉	

●御岳山のレンゲショウマ
例年8月中旬頃からが見頃となるレンゲショウマ。約5万株の群生地で、花期には多くの観光客で賑わう。

●神代ケヤキ
御嶽神社に向かう途中にある推定樹齢1000年の古木のケヤキ。国の天然記念物に指定されている。

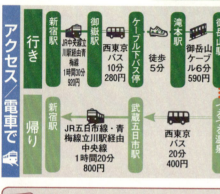

ケーブルカー滝本駅近くに4ヶ所・266台収容の有料駐車場がある。普通車1日1400円。御嶽駅の吉野街道沿いにも無料駐車場がある。

関連情報●御岳山ケーブルは大晦日には終夜運転するが、初日の出に合わせるには少し早めにケーブルカーに乗ること。なお、2016年1月18日～3月31日は設備更新工事のため運休。

立ち寄りスポット　御岳ビジターセンター

窓口では御岳山の登山情報や自然情報の情報が得られ、2階の展示場では地形や植生、動物の知識を学ぶことができる。その他ガイドウォークなどのイベントもある。
入館料無料／9時～16時30分／月曜休（祝日の場合は翌日休）／☎0428・78・9363

御岳ビジターセンターに立ち寄って、情報を入手してから登ろう

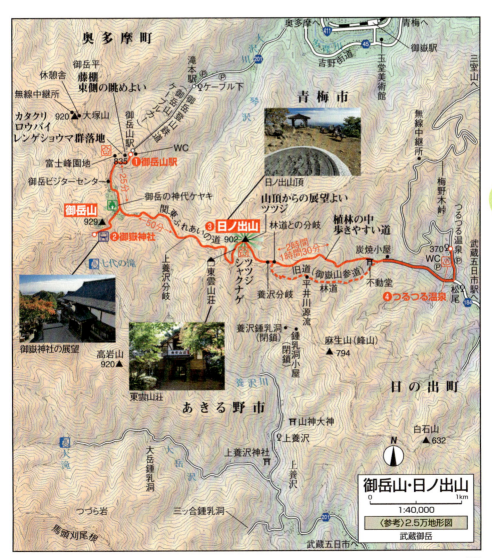

御岳山・日ノ出山

奥多摩

御岳山・日ノ出山
1:40,000　0　1km
〈参考〉2.5万地形図
武蔵御岳

関東有数の古社御嶽神社から、展望の楽しめる日ノ出山へのミニ縦走ハイクコース。神社めぐりと関東平野の眺望を楽しんだ下山後は温泉も楽しめる、充実度満点のコースだ。登りはケーブルカー利用で適度な歩行時間なので、家族連れでも十分楽しめる山だろう。初心者におすすめしたい入門コース。

御岳山駅❶～御嶽神社❷

　まずは御嶽駅前からバスとケーブルカーを乗り継いで、一気に標高831mの **御岳山駅❶** に向かう。駅を出て右手の広場が御岳平で、樹齢約100年の藤棚のある展望台からは関東平野の眺めがすばらしい。よく晴れていれば東京都心から筑波山、日光の山並みまでを望むことができる。例年8月中旬から咲き誇るレンゲショウマの群生地はコースとは逆の富士峰園地北側斜面で、御岳平からは歩いて5分ほどのところにある。

ケーブルカーで山上へ

　登山コースは御岳山駅から左手となる。鳥居をくぐり御嶽神社と山上集落をめざして平らな道を行くと、大塚山分岐の先には御岳ビジターセンターがある。奥多摩の自然についての知識を広げるためにも、ぜひ立ち寄っておきたいところだ。

　御師の住宅が並ぶ通りを歩いていくと道の勾配がきつくなり、天然記念物の神代ケヤキ、そしてみやげ物屋の参道を抜けて随神門に向かう。門をくぐって急な石段を登り切れば、**御嶽神社❷** の神殿が東向きに鎮座している。登り切った石段から振り返ると、真東の方向に日ノ出山が見え、その奥に東京都心、ちょうど日ノ出山山頂付近には東京スカイツリーを遠望できる。御岳山の山頂の標柱は神社の裏手にあるので立ち寄っておこう。

御嶽神社❷～日ノ出山❸

　御岳山に登ったら、次は日ノ出山を目指そう。来た道を神代ケヤキの下まで下り、分かれ道から緩やかに下っていく。養沢への分岐を過ぎ、岩がちの坂を右から左に回り込むよ

展望のよい御岳平

水場チェック
御嶽神社の先は水場はないので、御岳山駅や御嶽神社周辺で補給していこう。

トイレチェック
出発点の御岳山駅。日ノ出山山頂直下には雨水を利用した水洗トイレがある。

●問合せ先
青梅市観光協会 ☎0428・24・2481
http://www.omekanko.gr.jp
日の出町役場 ☎042・597・0511
http://www.town.hinode.tokyo.jp/
御岳ビジターセンター ☎0428・78・9363
http://mitakevc929.ec-net.jp
西東京バス五日市営業所氷川車庫 ☎0428・83・2126 http://www.nisitokyobus.co.jp/
御岳登山鉄道 ☎0428・78・8121
http://www.mitaketozan.co.jp/

御嶽神社本社

日ノ出山から望む鷹ノ巣山

下山路にある林道分岐

うに登っていけば東雲山荘と公衆トイレの前に出る。ここから石段を上がったすぐ上が日ノ出山❸山頂だ。

明るく開けた小広い頂にはあずまやが建ち、東側にベンチが置かれている。北西に石尾根と鷹ノ巣山、東に都心、南側は丹沢の山々の展望がすばらしい。南西の尾根の上にはほんの少し富士山の頂も見えるのでぜひ確認しておきたい。山頂には展望盤があるので、ゆっくりと山座同定を楽しむのもよい。ちょうど時間的にも日ノ出山がお昼時、展望を楽しみながらの昼食とするのもよいだろう。気持ちのよいさわやかな風が抜ける新緑の時期もおすすめだが、空気の澄んだ秋から晩秋は遠くの山までくっきりと見渡すことができる。

日ノ出山❸〜つるつる温泉❹

下山はあずまやの右手から下っていく。すぐに養沢・上養沢方面と三ツ沢・松尾への分岐に出るので、つるつる温泉へは幅広い道を左へ、三ツ沢方面へと向かう。途中の分岐から林道伝いで下ることもできるが、せっかくなので登山道でつるつる温泉へ向かおう。下り始めは道幅も広く、ちょっとした展望もあってなかなか楽しめる道だ。この道はかつての御嶽山参道であり、昔に思いを馳せて歩くのも楽しい。不動堂前で広い道と合流し、都道に出て左へゆるやかに坂を上がっていけば、駐車場の先に日の出町営**つるつる温泉**❹が見えてくる。ゆっくりと温泉につかって一日の汗を流したら、温泉始発のバスに乗って武蔵五日市駅へ向かおう。　　　　　　　　　　（西田）

展望が開ける日ノ出山山頂

機関車形バスで武蔵五日市駅へ

温泉情報　つるつる温泉

アルカリ性の泉質で、名前の通り、肌がつるつるする湯が楽しめる。お風呂だけでなく、食事や売店も充実している。

入浴料820円（3時間）／10時〜20時／毎月第3火休（祝日の場合は翌日休）・6月、12月に設備点検休館日あり、要確認／駐車場130台／☎042・597・1126

坂を少し上がって温泉へ

東京都

12 険しい岩場の先に絶景の頂が待つ

一般向き

標高	1267m
歩行時間	5時間30分
最大標高差	435m
体力度	★★☆
技術度	★★☆
1/2.5万地形図	奥多摩湖、武蔵御岳

大岳山（おおだけさん）

登山適期とコースの魅力

山頂からの展望を楽しむなら晩秋から冬。ただし山頂直下は岩場もあり、初心者には積雪時は厳しい。新緑、紅葉の時期も美しい。

1月	2月	3月	4月	5月	6月	7月	8月	9月	10月	11月	12月
			新緑								
			シロヤシオ								
			ヤマツツジ								
					アジサイ						
									紅葉		

● 大岳山からの展望

裾野を広げる富士山、御坂山塊、大菩薩連嶺、奥秩父の山々が連なる絶景。天気のよい日を選んで訪れたい。

● 雑木林の紅葉

大岳山の山頂付近は広葉樹の林。ミズナラやカエデ、イヌブナなどが茂る樹林は、秋には赤や黄色に染まり、美しい。

アクセス／電車で

行き：新宿駅 → JR中央線立川駅経由青梅線 1時間30分 920円 → 御嶽駅 → 西東京バス 10分 290円 → ケーブル下バス停 → 徒歩5分 → 滝本駅 → 御岳山ケーブル6分 590円 → 御岳山駅

帰り：奥多摩駅 → JR青梅線立川駅経由中央線 1時間50分 1080円 → 新宿駅

バスの始発は平日7時30分、土曜・休日7時10分。1時間に2本（ハイシーズンは増便あり）が運行（2015年10月現在）。ケーブルカーの始発は7時30分。20分〜30分間隔で運転されている。

アクセス／クルマで

圏央道青梅IC → 都道63号・国道411号（青梅街道）経由 16km → 御嶽駅 → 都道45号（吉野街道）・都道201号 2.6km → 滝本駅

ケーブルカー滝本駅近くに4ヶ所・266台収容の有料駐車場がある。普通車1日1400円。このコースを歩く場合は、御嶽駅の吉野街道沿いの無料駐車場を利用し、青梅線で戻るのが便利。

コースタイム：
❶御岳山駅 →1.2km 25分／25分→ ❷御嶽神社 →1.1km 40分／25分→ ❸奥ノ院 →2.3km 1時間5分／1時間15分→ ❹大岳神社 →0.2km 20分／10分→ ❺大岳山 →2.7km 1時間5分／1時間30分→ ❻鋸山分岐 →3.4km 1時間35分／2時間10分→ ❼愛宕山 →0.7km 20分／30分→ ❽奥多摩駅

立ち寄りスポット　ロックガーデン

長尾平から沢に下っていくと、沢沿いに散策路が設けられている。ロックガーデンと名付けられ、夏でも沢のせせらぎや吹き抜ける風が心地よいルートだ。秋の紅葉も美しい。御嶽神社の修行にも使われる綾広の滝や、ちょっとした岩登り気分が味わえる天狗岩など、見どころもある。

渓流沿いの道が快適

水場チェック
道中に水場はない。

トイレチェック
長尾平（茶店の少し奥）、大岳山荘前にある。

●問合せ先
奥多摩町役場　☎0428・83・2111
http://www.town.okutama.tokyo.jp/
西東京バス氷川車庫　☎0428・83・2126
http://www.nisitokyobus.co.jp/
御岳登山鉄道　☎0428・78・8121
http://www.mitaketozan.co.jp/

大岳山／奥多摩

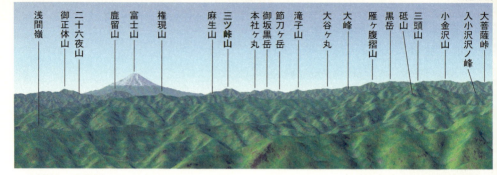

大菩薩連嶺　御坂山塊

大菩薩峠／入小沢ノ峰／大小沢ノ峰／小金沢山／三頭山／砥山／黒岳／雁ヶ腹摺山／大峰／大谷ヶ丸／滝子山／節刀ヶ岳／御坂黒岳／本社ヶ丸／三ツ峠山／麻生山／権現山／富士山／鹿留山／二十六夜山／御正体山／浅間嶺

　三頭山、御前山と並び奥多摩三山のひとつである大岳山。独特の山容は、東京周辺のどこからでも分かりやすい。御岳山を経由し大岳山を目指すルートは変化に富んだ楽しい登山道。鋸尾根から奥多摩駅への下山は、高低差もあってかなり厳しいので、大岳山到着の時点で疲れているようなら、ロックガーデン経由で御岳山駅に戻るほうがよいだろう。

 ### 御岳山駅❶〜奥の院❸

　滝本駅から御岳山ケーブルカーに乗って御岳山駅❶へ。まずは御岳山を目指す。コンクリートの舗装道路を進み、山上集落の中を道標に従って進むうちに道路の傾斜がきつくなり、神代ケヤキを右手に見上げながら進むと、ほどなく御嶽神社の山門に到着する。ここから長い階段を登り詰めると、御嶽神社❷の社殿が建つ御岳山の山頂。登山の無事をお参りしていこう。社務所では登山のお守りも販売している。

　来た道を少し戻り、「ロックガーデン」方面へ下っていく。茶店やベンチのある長尾平で少し休んでいってもいいだろう。ここからは「大岳山」への道標に従って進む。天狗の腰掛け杉の手前から、鳥居をくぐって尾根道に取り付く。木の根が張り出している、かなり急な登りが続く。鎖のつけられた岩場も少し出てくるので慎重に。

大岳山の山頂直下は岩場が続く

　赤い大きなほこらの脇から奥の院❸の山頂に向かう。左右に道がついているが、どちらからでも行くことができる。ごつごつした岩場を登り詰めると山頂。小さな石の祠が建てられた山頂は、展望もなく静けさに包まれている。

長尾平にはテーブルやイスも

すぐれた眺望の大岳山山頂

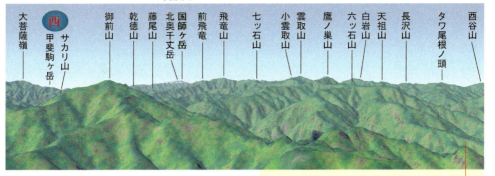

奥の院❸〜大岳山❺

奥の院からの下りは岩が出ていてやせているところもあり、少し緊張する。すぐに巻き道と合流し、歩きやすい平坦な道を進んでいくと、鍋割山（なべわりやま）と巻き道の分岐に出る。鍋割山方面に進めば、ひと登りで山頂に到着する。

鍋割山の山頂からは、大岳山方面に、歩きやすい道をどんどん下っていく。ロックガーデンからの道が合流し、さらに進んでいくと「これより岩場 滑落注意」の看板が現れる。ここからは露岩が出ていて鎖がつけられているところや、岩の間をぬうように進むところも出てくる。とくに雨上がりなど岩が濡れているときは注意が必要だ。大岳神社❹の前の広場でひと息ついていこう。

大岳神社から山頂までは20分ほどの道のり。とはいえ急な登りや岩場が続き、全く気が抜けない。岩場を登り切り、空が近くなってくると山頂は間近だ。西側から南側の眺望が開けた大岳山❺の頂で、ゆっくり休んでいこう。

大岳山❺〜奥多摩駅❽

大岳山からは鋸山を経由して鋸尾根を下る。下り始めはかなり急で、岩場もあるので十分慎重に。岩場が終わると、馬頭刈尾根への分岐が現れるので鋸山方面へ。カエデやミズナラ、イヌブナなどの広葉樹が続く、明るい尾根道だ。鋸山の分岐❻で、御前山、月夜見山に続く道と分かれ、岩がゴツゴツと連なる道

魅惑のパノラマ大展望

大岳山の山頂から南西〜北西方面の眺め。富士山の右、ふたつピークがあるように見えるのが三ツ峠山。三ツ峠山から右に連なるのは御坂山塊、さらに小金沢連嶺から大菩薩嶺。手前に大きくそびえる御前山の右手には奥秩父の山々や雲取山などが眺められる。

天狗像が彫られた石碑が立つ天聖神社

を登り切ると鋸山。

鋸山からも急な下りがずっと続き、途中からは岩まじりのゴツゴツとした尾根になる。鎖やハシゴがつけられたところもある。天狗像のある天聖神社を過ぎ、さらに岩場まじりの登山道を下り続けると、車道に出る。愛宕山との鞍部、登計峠（とけとうげ）だ。車道を少し歩き、石段を登り切ると愛宕神社のある愛宕山❼に到着する。

神社の奥、五重塔のある広場の先から急な階段を下っていくと、登計園地に出る。園地を進み、車道に出たら、奥多摩駅❽まではもうすぐだ。

(西野)

東京都

13 カタクリで有名な奥多摩三山の秀峰

御前山
（ごぜんやま）

一般向き

標高	1405m
歩行時間	5時間40分
最大標高差	1045m
体力度	★★☆
技術度	★☆☆

1/2.5万地形図　奥多摩湖

登山適期とコースの魅力

標高差もあり、しっかりとした登山が楽しめる山。春のカタクリが有名だが、秋の紅葉も見ごたえがある。

● カタクリの群生地
御前山山頂の西側直下から惣岳山にかけてカタクリの群生地がある。4月中旬からゴールデンウィークにかけて見頃となる。

● ニリンソウ
ゴールデンウィーク付近が見頃で、惣岳山から小河内峠への道を少し下ったところと、現在通行止だが栃寄沢で多く見られる。

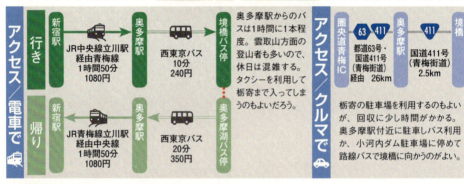

展望スポット　御前山山頂下

御前山の山頂はカラマツなどの樹林に囲まれ、石尾根の展望が楽しめるがあまり眺望はよくない。しかし、山頂から西側、惣岳山方面へほんの少し下ったところに富士山の展望スポットがあるので、ぜひ見逃さずに歩きたい。御前山と惣岳山の鞍部まで下る途中で、ベンチもあるので分かりやすいだろう。特に晩秋の樹々の葉が落葉した後は眺めもすばらしい。ベンチは早い者勝ちになるが、ここで休憩するのもおすすめだ。

御前山山頂下から見る富士山

月夜見山から見る御前山の山容

水場チェック
避難小屋に水場があるが、要煮沸。奥多摩駅で十分用意しよう。

トイレチェック
体験の森入口、山頂近くの避難小屋にある。

●問合せ先
奥多摩町役場　☎0428・83・2111
http://www.town.okutama.tokyo.jp/
奥多摩観光協会　☎0428・83・2152
http://www.okutama.gr.jp/
西東京バス五日市営業所氷川車庫
☎0428・83・2126
http://www.nisitokyobus.co.jp/
京王タクシー氷川営業所　☎0428・83・2158

　奥多摩三山のひとつである御前山は、奥多摩の山の中でも姿形が美しい山としてよく知られている。他の山から見たときにひときわ目立つピラミダルな山容は、どこから眺めてもすぐそれと指摘できるほどだ。さまざまなルートから登られており、山頂付近で咲くカタクリを見に行くのが目的の登山者も多い。ここでは栃寄から登り、大ブナ尾根で奥多摩湖へ下るコースを紹介しよう。

境橋バス停❶
～体験の森入口❸

　奥多摩駅前からは奥多摩湖方面行きのバスを利用する。**境橋バス停❶**（さかいばし）で降りたら奥多摩駅方向に戻り、トンネルの手前から川沿いに車道を登っていく。栃寄沢（とちよりざわ）のコースは崩落のため使用できないので（2015年10月現在）、体験の森入口まで車道を歩くことになる。**栃寄森の家❷**（体験の森センター）から約1時間、**体験の森入口❸**に出る。ここにはトイレやあずまやもあるので、ここまでは準備運動として、この先の登りにかけてしっかりと休憩をとっておくのがよいだろう。

カツラの巨木

体験の森入口❸～御前山❺

　いったん登山道に入って一部車道を歩きながら案内板に従って進み、カツラの大木やカ

カラマツに囲まれた御前山山頂

ラマツの広場、湧水の広場などを経由して尾根上を登っていくと樹々の間から大岳山（おおだけさん）が望めるようになる。大岳山が見え出してから少しの登りで、平らな場所に建つ**御前山避難小屋❹**の前に出る。テラスのある小綺麗な建物で、トイレ（協力金必要）があるので非常にありがたい。すぐ近くに水場もあるが、生水では飲用に適さないので煮沸して利用すること。テラスからは樹々の間から大岳山を望むことができる。

　避難小屋を過ぎると山頂まではあとひと歩きだ。避難小屋で休憩をとるのもよいが、ここは一気に登ってしまおう。静かな樹林の尾根を登っていくと、カラマツに囲まれた**御前山❺**山頂につく。山頂の眺めはあまりよくないが、北側は雲取山（くもとりやま）や石尾根方面の景色が楽しめる。平らで小広い山頂は休憩に最適で、ようやく登った山頂でゆっくりと昼食を広げ

御前山山頂からの石尾根展望

るのもよい。休日は登山者も多いので、少ないベンチを取り合うよりはシートを持参するのがよいだろう。新緑や紅葉の時期は、山頂を囲むカラマツが美しい。静かな樹林の山頂というのもなかなか趣がある。

御前山❺〜奥多摩バス停❽

　展望のよいのは大ブナ尾根に向かって下り始めてすぐのところで、大菩薩から奥秩父、そして富士山の眺めがよい。ベンチもあるので休憩にもおすすめできる場所だ。このベンチあたりから惣岳山(そうがくさん)にかけての斜面がカタクリの群生地で、4月中旬から下旬にかけてが見頃だ。保護のためにロープが張ってあるので、踏み入らないよう注意しよう。登山道の両脇に広がるカタクリのお花畑を楽しみながら、緩やかに下っていく。

　御前山との鞍部からほんの少しの登り返しで惣岳山(おごうち)❻に着く。左に小河内峠・月夜見山(つきよみやま)方面の道を分け、大ブナ尾根コースを下っていこう。下り始めは急な上、木の根や木段があって歩きにくいから転ばないように慎重に下っていく。バイケイソウの群生する道を下り、白い石灰岩が目立つ露岩帯を過ぎて標高を下げていく。

　樹林帯のサス沢山❼にはアンテナ施設があり、展望はないと思いきやそのアン

小河内ダム

テナ施設の一角からは奥多摩湖を見下ろすことができる。ここから見下ろすとよく分かるのだが、サス沢山から奥多摩湖までは一気に標高を下げていくことになる。樹林の急坂はなかなかの勾配なので、スリップに注意して下っていこう。展望広場などの園地を過ぎると湖畔に下り、小河内ダムの堰堤に出る。長い堰堤を歩けばコース終点の奥多摩湖バス停❽に到着する。歩いてきた急な尾根を振り返ると目立つピークが見えるが、サス沢山と惣岳山で、ここからは御前山を望むことはできない。

　コースとしては急坂の下りが苦手な人は、大ブナ尾根で登り、山頂から栃寄へ下る逆コースのほうが安心できるだろう。　　（西田）

サス沢山から奥多摩湖を見下ろす

小屋情報　御前山避難小屋

御前山の東の肩、標高約1300メートルの位置に建つ。テラスのあるログハウス風の建物で、トイレも併設されている。約20人収容の広さで、快適な小屋だ。利用の際は食料、寝具は持参のこと。水場がすぐ隣にあるが、細く、生水では飲用に適さない。煮沸するか、水も持参するのがよい。
東京都多摩環境事務所：☎042・521・2947

避難小屋からは大岳山の姿が大きく見える

東京都

14 眺望も楽しみな山上の古道

一般向き

標高	903m(浅間嶺)
歩行時間	4時間30分
最大標高差	310m
体力度	★★☆
技術度	★☆☆
1/2.5万地形図	五日市、猪丸

浅間尾根
（せんげんおね）

登山適期とコースの魅力

4月上旬にはカタクリやアズマイチゲなど、春を告げる草花が登山道を彩り、4月中旬〜下旬には浅間嶺の山頂周辺のサクラが見頃を迎える。

- 新緑：4月〜5月
- サクラ：4月
- カタクリ、アズマイチゲ、イチリンソウ：4月〜6月
- 紅葉：10月〜11月

●浅間嶺のサクラ
浅間嶺の山頂付近にはサクラが見られ、満開のサクラの向こうに雪を冠った富士山を望む絶景が楽しめる。

●カタクリ群生地
浅間嶺から時坂峠に向かう道中に、カタクリの群落がある。観察路が整備され、斜面に咲くカタクリを間近に眺められる。

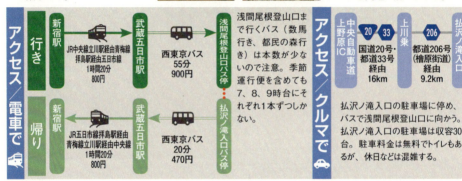

アクセス／電車で
行き：新宿駅 → JR中央線立川駅経由青梅線拝島駅経由五日市線 1時間20分 800円 → 武蔵五日市駅 → 西東京バス 55分 900円 → 浅間尾根登山口バス停

浅間尾根登山口まで行くバス（数馬行き、都民の森行き）は本数が少ないので注意。季節運行便を含めても7、8、9時台にそれぞれ1本ずつしかない。

帰り：払沢ノ滝入口バス停 → 西東京バス 20分 470円 → 武蔵五日市駅 → JR五日市線拝島駅経由青梅線立川駅経由中央線 1時間20分 800円 → 新宿駅

アクセス／クルマで
中央自動車道上野原IC → 国道20号・都道33号経由 16km → 上川乗 → 都道206号（檜原街道）経由 9.2km → 払沢ノ滝入口

払沢ノ滝入口の駐車場に停め、バスで浅間尾根登山口に向かう。払沢ノ滝入口の駐車場は収容30台。駐車料金は無料でトイレもあるが、休日などは混雑する。

コースタイム

❶浅間尾根登山口バス停 →1.4km 40分/30分→ ❷数馬分岐 →3.0km 1時間10分/1時間10分→ ❸人里峠 →0.8km 30分/20分→ ❹浅間嶺 →3.4km 1時間10分/1時間30分→ ❺時坂峠 →2.2km 30分/45分→ ❻払沢の滝入口バス停 →0.7km 15分/15分→ ❼払沢の滝 →0.7km 15分/15分→ ❻払沢の滝入口バス停

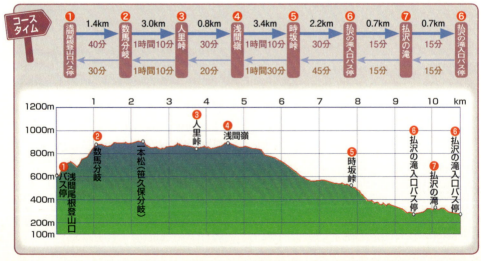

檜原村を流れる北秋川と南秋川を分ける浅間尾根。かつては古甲州道あるいは甲州中道と呼ばれる古道が走り、江戸時代から昭和初期までは、地域に住む人々にとっては生活物資を運ぶ重要な街道であった。このルートの中の最高峰である浅間嶺からは、名前の通り富士山の展望が楽しめる。

水場チェック
浅間嶺から時坂峠の間に水場があるが、涸れていることもある。

トイレチェック
浅間嶺の山頂は、公園として整備されていて公衆トイレがある。浅間尾根登山口バス停脇、払沢ノ滝入口にもある。

●問合せ先
檜原村役場 ☎042・598・1011
http://www.vill.hinohara.tokyo.jp/
西東京バス五日市営業所 ☎042・596・1611
http://www.nisitokyobus.co.jp/

浅間尾根登山口❶～人里峠❸

浅間尾根登山口バス停❶から、檜原街道を少し戻り、道標に従って左折。南秋川を渡り舗装道路の急な登りを詰めていく。民宿浅間坂の先から登山道になり、つづら折りの道で標高を上げていく。薄暗い針葉樹林の急登が、やがて傾斜が緩み、広葉樹も現れるようになっ

尾根が近くなると明るい広葉樹林に

てくると、ほどなく**数馬分岐❷**に出る。木製のベンチの脇に、古道の名残である馬頭観音がまつられている。

数馬分岐から快適な尾根歩きが始まる。しばらくは右側の眺望がよく、対岸の笹尾根が間近に見渡せる。コブを巻くようにつけられた登山道は平坦で歩きやすく、うまく風を避けられるように工夫がされている。とはいえ、ところどころで道が崩れ、細くなっていると

関連情報●浅間尾根登山口バス停からすぐのところに建つ民宿浅間坂。2015年10月現在、宿泊は行っていないが、日帰り入浴や食事が可能。逆ルートで歩く場合は、帰りに立ち寄っていきたい。

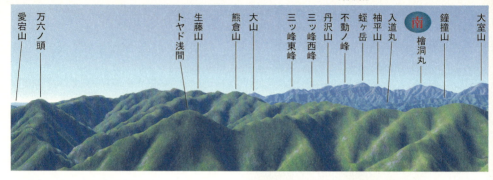

丹沢山塊

愛宕山／万六ノ頭／トヤド浅間／生藤山／熊倉山／大山／三ッ峰東峰／三ッ峰西峰／丹沢山／不動ノ峰／蛭ヶ岳／袖平山／入道丸／檜洞丸／南／鐘撞山／大室山

ころもあるので注意が必要だ。

一本松の分岐を過ぎ、さらに緩やかに進んでいくと**人里峠❸**へ。小さな仏像が登山者を見守るようにたたずんでいる。

人里峠❸〜浅間嶺❹

人里峠からは樹林が明るい雑木林になる。春先は足元にスミレやカタクリなども眺められるところだ。しばらく進むと左側の眺望が開け、奥多摩の山々も眺められるようになる。

浅間嶺展望台には山名標が立つ

尾根沿いの道と巻き道にいったん分岐するが、巻き道のほうが歩きやすい。ほどなく休憩舎がある広場に出て、広場からひと登りで**浅間嶺❹**の展望台に到着する。

展望台からはすばらしい眺めが広がっている。南側

人里峠の石仏

には笹尾根が長く連なっているのが眺められ、その奥には丹沢の山々が連なる。天気に恵まれれば、富士山もくっきりと眺められる。北側には御前山や大岳山が特徴的な形でそびえている。春先にはサクラの花も景色に色を添える。時間を忘れてゆっくりとしたい。

浅間嶺❹〜払沢の滝入口バス停❻

十分に景色を楽しんだら、時坂峠方面へ直進する。サクラの木々も混じる広葉樹の林を下っていくと、小岩への道を分け、さらに松生山への道を分ける。明るい広葉樹の中を進んでいくと、右手にカタクリ散策路が整備された斜面に出る。春先は可憐なピンクの花が斜面に咲き乱れている。

登山道が沢沿いになり、しばらく進むと舗

穴をのぞくと御前山が見える

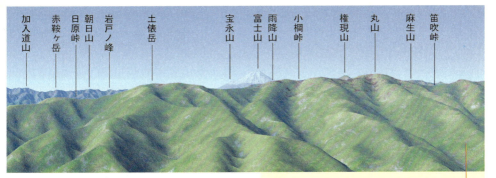

加入道山 | 赤鞍ヶ岳 | 日原峠 | 朝日山 | 岩戸ノ峰 | 土俵岳 | 宝永山 | 富士山 | 雨降山 | 小椰峠 | 権現山 | 丸山 | 麻生山 | 笛吹峠

魅惑のパノラマ大展望

山名標のある浅間嶺展望台から南東〜南西方面を望む。南に連なるのは丹沢山塊。どっしりとした山容の大室山や檜洞丸、頭が飛び出したような蛭ヶ岳。左に進むと大山の三角形の山容も。南秋川の谷を隔てて連なるのは笹尾根。天気に恵まれれば富士山も眺められる。

峠の茶屋前から御前山、大岳山を望む

装道路に出る。道路沿いにある峠の茶屋は、創業は江戸時代中期の貞享3(1686)年。300年以上続く茶店である。店の前のベンチからは、御前山や大岳山も眺められる。

しばらく車道を進み、道標に従って左に伸びる林道を進む。祠の建てられた**時坂峠❺**から右の山道を進み、どんどん下っていく。何度か車道を横切りながら進んでいくと、舗装道路に出て、**払沢の滝入口バス停❻**につく。

払沢の滝❼は、バス停から歩いて片道15分ほど。ウッドチップの敷かれた歩き

やすい道だ。日本の滝百選にも選ばれた名瀑で、4段になって流れ落ちる滝の落差は60m。深い滝壺には大蛇が棲んでいたという伝説が残っている。間近で眺めれば迫力満点、水しぶきがあがり、夏でもあたりはひんやりと涼しい。

(西野)

立ち寄りスポット ちとせ屋

払沢の滝入口バス停の向かいにある豆腐の店。檜原の源流水、北海道の高級大豆、赤穂の天然にがりを原料に使い、手作りにこだわった豆腐が人気だ。しぼりたての豆乳や、おからドーナツなども販売しており、登山の帰りに立ち寄る人も多い。夏は豆乳ソフトクリームも美味。
◯9時30分〜17時／火曜休／☎042・598・0056

日本の滝百選に選ばれた払沢の滝

いつも店の前は買い物客で賑わっている

東京都

15 峠をつなぐ尾根道に昔を偲ぶ

一般向き

標高	1098m(丸山)
歩行時間	6時間20分
最大標高差	690m
体力度	★★☆
技術度	★☆☆
1/2.5万地形図	猪丸

笹尾根
(ささおね)

登山適期とコースの魅力

雑木林の美しさが大きな魅力。木々が芽吹く春先、黄色や赤に色づく秋がすばらしい。晩秋、色とりどりの葉が山道を彩るのも見どころ。

1月	2月	3月	4月	5月	6月	7月	8月	9月	10月	11月	12月
			新緑							紅葉	
			イカリソウ								
					フシグロセンノウ、レンゲショウマ				レイジンソウ		

●尾根筋の雑木林

尾根道にはカエデやコナラ、ケヤキなどの広葉樹が。紅葉の見頃は10月中旬〜下旬、林床の笹の緑とのコントラストもよい。

●林床の草花

明るい雑木林の林床は、春〜秋にかけて草花が彩りを添える。夏にはフシグロセンノウやサラシナショウマなどがよく目立つ。

アクセス/電車で

行き: 新宿駅 → JR中央線立川駅経由青梅線拝島駅経由五日市線 1時間20分 800円 → 武蔵五日市駅 → 西東京バス 40分 700円 → 上川乗バス停

上川乗まで行くバス(数馬行き、都民の森行き)は本数が少ないので注意。季節運行便を含めても7、8、9時台にそれぞれ1本ずつしかない(2015年10月現在)。

帰り: 新宿駅 ← JR五日市線拝島駅経由青梅線立川駅経由中央線 1時間20分 800円 ← 武蔵五日市駅 ← 西東京バス 1時間 940円 ← 仲の平バス停

アクセス/クルマで

中央自動車道上野原IC → 国道20号・甲武トンネル経由 16km → 上川乗

甲武トンネルを越えてきた場合、上川乗手前の浅間峠入口に5台ほど停められる駐車場がある。仲ノ平からはバスで上川乗まで戻る。

コースタイム

❶上川乗バス停 →2.3km/1時間20分 ←50分→ ❷浅間峠 →2.0km/1時間 ←45分→ ❸日原峠 →0.6km/20分 ←10分→ ❹土俵岳 →2.8km/1時間10分 ←1時間→ ❺笛吹峠 →3.4km/1時間30分 ←1時間20分→ ❻西原峠 →2.9km/1時間 ←1時間30分→ ❼仲の平バス停

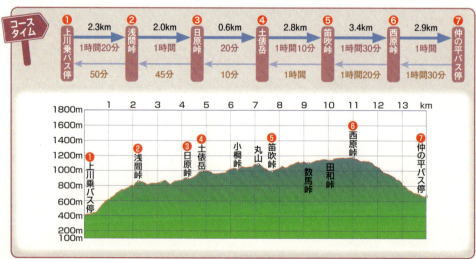

東京都と神奈川県、山梨県の境界となっている笹尾根。三頭山から高尾山まで伸びる尾根のうち、西原峠から熊倉山あたりまでの区間を笹尾根と呼ぶ。目立ったピークはないが、いくつもの峠があり、それぞれの峠はかつて甲州と武州の人々が行き来をしていた。歴史の跡をたどりながら、樹林が心地よい尾根道を歩きたい。

- **水場チェック** コース中に水場はない。武蔵五日市駅で十分用意すること。
- **トイレチェック** 登山口の上川乗バス停に公衆トイレがある。
- **問合せ先**
  檜原村役場 ☎042・598・1011
  http://www.vill.hinohara.tokyo.jp/
  西東京バス五日市営業所 ☎042・596・1611
  http://www.nisitokyobus.co.jp/

コースガイド

上川乗バス停❶～浅間峠❷

上川乗バス停❶から数馬方面に進み、すぐに南秋川を渡り、上野原へ向かう道へ。車の往来に気をつけながら急坂を登り、道標に従って山道に入る。杉や檜の植林帯をジグザグと登っていく。尾根に近づくと樹林がカエデなどの明るい林になり、傾斜が緩むとほどなく浅間峠❷につく。

あずまやがあり、広場になっている。しめ縄の張られた杉の大木の根元に、富士信仰である浅間社の小さな祠がある。ここからは三頭山方面へ、アップダウンを繰り返しながら標高を上げていく。

浅間峠❷～笛吹峠❺

針葉樹の中を登っていくとすぐに明るい広

浅間峠にはあずまやがある

関連情報●西原峠から数馬峠へ向かう逆ルートにすれば、ゆるやかに下っていくルートとなるのでコースタイムが短縮できる。上川乗からのバスの本数が少ないので、帰りのバスの時刻は確認しておきたい。

カエデやミズナラの広葉樹林が心地よい

登山者を見守る日原峠の石仏

葉樹の林になる。コナラやカエデが茂り、木漏れ日が心地よい道だ。ほどなく日原峠❸へ。小さな石仏が道の真ん中にたたずみ、登山者をやさしく見守っている。ここから緩やかに登っていき、薄暗い杉林の中に土俵岳❹の山頂がある。木々に囲まれて展望はきかないが、三等三角点がある。

アップダウンを繰り返しながら尾根道を進んでいく。土俵岳の先あたりから、少しずつ林床に笹が見られるようになる。笛吹へと下る道が続く小棡峠を過ぎ、登り返していくと、丸山に到着する。山頂手前に巻き道があるので、左に進み山頂を目指そう。かつては見晴らしがよかったが、今は樹林に囲まれて展望はない。とはいえ広場状になっていて休憩には適している。

丸山からの下り始めは道標がなく少し分かりにくい。北方向に登山道が付けられていて、進むとすぐに巻き道と合流する。このあたりから林床が笹に覆われ、いかにも「笹尾根」らしい雰囲気になってくる。

笛吹峠の石碑

笛吹峠❺には昔の道標がある。丸い小さな石に「大日」と彫られ、「みぎかづま（数馬）、ひだりさいばら（西原）」の文字がある。この峠を甲州、武州から行き交う人々がいたことが偲ばれる。

笛吹峠❺〜仲の平バス停❼

笛吹峠から、やや急な登りが続く。笹に覆われた笹ヶタワノ峰を過ぎ、数馬峠へ。このルート随一の展望ポイントだ。南側の眺望が開け、富士山や丹沢の山々が屏風のように連なっているのが眺められる。ベンチもあるのでひと息ついていきたいところだ。

樹林越しに大岳山、御前山を眺めながらさらに尾根を進むと、西原峠❻にたどりつく。

立ち寄りスポット　数馬の兜造り

檜原村数馬地区に残る建築様式。合掌造りの建物のひとつで、妻側に2段のひさしをつけているのが兜の形に似ていることから、名前がついている。もとは養蚕のために造られたもの。数馬集落周辺には、今も兜造りの家屋が残っている。

2段のひさしが特徴

笛吹峠からの登り道は笹に覆われている

って川沿いの道を下り、数馬の湯の源泉地の脇を通って県道に出る。右に少し進めば、ゴールの**仲の平バス停❼**に到着する。時間に余裕があれば数馬の湯などで温泉に入っていくとよい。　　　　　　　　　　　　　（西野）

ここは甲州郷原・西原と、武州数馬を結ぶ道が付けられていたところ。両方の村人達が生活物資を担いで山を越えた、なくてはならない道であった。

　直進すれば三頭山へ続くが、右折して数馬への道へ進む。しばらくなだらかな下りが続き、途中から丸太の階段がところどころ現れる。明るい広葉樹林から薄暗い針葉樹に樹林が変わるとほどなく数馬上の集落に。道がコンクリートの舗装道路に変われば、道標に従

温泉情報　♨ 瀬音の湯

秋川沿いに建つ温泉の入浴施設。明るく広々とした大浴場と、緑の景色が間近に楽しめる露天風呂があり、なめらかな肌触りの湯を満喫できる。入浴後には併設のレストランのほか、近隣で採れた新鮮な野菜をはじめとする名産品を扱う売店もある。
入浴料3時間900円／10時〜22時／無休／駐車場135台／☎042・595・2614／十里木バス停下車徒歩8分

緑が間近に眺められる露天風呂

檜原村数馬で宿泊

　島嶼部を除き、東京都で唯一の村である檜原村。山や川の豊かな自然が残り、アウトドアレジャースポットとして多くの人に親しまれるエリアだ。笹尾根や浅間尾根など、歩きやすく快適な尾根道も多く、奥多摩三山のひとつである三頭山は、周辺が檜原都民の森として整備されていて、いつも多くのハイカーで賑わっている。

　檜原都民の森への入口となる数馬地区には、魅力的な宿泊施設が点在する。趣深い兜造りの

三頭山荘

建物を生かした宿泊施設も多く、宿に居ながらにして伝統的建築物の見学もできてしまうことがすばらしい。大半の宿が温泉を引いている。

　代表格が、築200年、木造4階建ての建物に宿泊ができる兜家旅館。しっとりとした雰囲気の館内でくつろげる。囲炉裏で味わう炭火焼料理も楽しみのひとつだ。また、仲の平バス停そばに建つ蛇の湯たから荘は、兜造りの温泉宿。傷ついた大蛇が傷をいやしたという言い伝えがある、肌にしっとりなじむ温泉を満喫できる。日帰り入浴も可能だ。三頭山荘もまた、築400年の兜造りの宿。山菜や川魚など、山の幸がたっぷりの食事は、昼食のみの利用でも味わえる。

　関東の各地から日帰り圏内ではあるが、東京都の深奥部とい

蛇の湯たから荘

ってもよい地域だけに、JR五日市線の終点、武蔵五日市駅からバスでのアプローチとなり、アクセスには時間がかかる。登山の前または登山後に宿泊をすれば、余裕を持ったスケジュールで登山を楽しめる。奥多摩の山村の歴史や文化に触れることもでき、山の楽しみがさらに広がるだろう。
●兜家旅館☎042・598・6136／蛇の湯たから荘☎042・598・6001／三頭山荘☎042・598・6138

東京都

16 生命力あふれるブナの原生林

三頭山
(みとうさん)

一般向き

標高	1531m
歩行時間	3時間15分
最大標高差	545m
体力度	★★☆
技術度	★☆☆

1/2.5万地形図　奥多摩湖、猪丸

登山適期とコースの魅力

歩くだけで心地よさを感じるブナの原生林は、四季折々の美しさがあるが、新緑、紅葉の時期が特に美しい。

●ブナの路

三頭山の北面はブナの樹林が見事で、ブナの路として登山道が整備されている。中には樹齢200年以上の古木もある。

●豊富な山野草

都民の森の園内には、さまざまな野草が自生しており、四季折々に姿を見せてくれる。秋はリンドウやトリカブトなども。

アクセス

都民の森へのバスは、武蔵五日市駅からの直行便と、数馬で連絡する連絡便がある。ただし、都民の森が休園の間は、武蔵五日市駅からのバスは数馬止まりとなり、連絡バス、直行バスともに運休となる。必ず確認したい。

都民の森には約100台収容の駐車場がある。

コースタイム

水場チェック
都民の森の案内所、森林館、木材工芸センターなどで給水できる。コース上にはないので、ここで補給しておきたい。

トイレチェック
水場と同じところと、三頭大滝の入口にトイレがある。

●問合せ先
檜原村役場 ☎042・598・1011
http://www.vill.hinohara.tokyo.jp/
檜原都民の森管理事務所 ☎042・598・6006
http://www.hinohara-mori.jp/
西東京バス五日市営業所 ☎042・596・1611
http://www.nisitokyobus.co.jp/

立ち寄りスポット 檜原都民の森

森林館の建物

三頭山の中腹から山頂にかけて整備された山岳公園。標高1000〜1500mの自然を身近に楽しめる。広い敷地内には、森の動植物を紹介する森林館や、木材工芸センター、レストランもある。
9時30分〜16時30分（季節により変更）／月曜休（祝日の場合は翌日休）、GW、夏休み期間、紅葉シーズンは無休／☎042・598・6006

関連情報●三頭大滝から都民の森へ向かう大滝の路は、森林浴の効果が専門家により科学的に検証され、その効果が認められた散策路「森林セラピーロード」に認定されている。

トイレや売店がある都民の森入口

ブナの瑞々しい樹林

奥多摩三山（三頭山、大岳山、御前山）の最高峰、三頭山。名前の通り、3つのピークを持つ山である。山の中腹から山頂にかけては檜原都民の森として、歩きやすい登山道が整備されている。すばらしいブナの林の中を歩いて山頂を目指し、下山はさわやかな沢沿いの道を行こう。

都民の森バス停❶〜三頭山❸

スタートは<mark>都民の森バス停❶</mark>から。大きな看板を左手に見ながら、舗装道路を緩やかに登っていく。いくつか分岐するところがあるが、「鞘口峠」方面へ進めばよい。<mark>鞘口峠❷</mark>はテーブルやイスがある広場になっている。ゆっくり休んでいくといいだろう。

鞘口峠からは急な登りが始まる。丸太の階段がしつらえてあるところもあり、歩きやすいが傾斜はきつい。しばらく進むと「ブナの路」の道標がある。このあたりはブナの林が続いている。灰色の地にまだら模様のブナの木々が枝を広げ、青々と茂った葉のすき間から木漏れ日が降り注ぐ。心地よい道だ。しばらく進むと見晴し小屋が右手にある。黒い木造の小屋でひと休みしていこう。

小屋からは少し下って、また急な登りになる。がんばって登り切ると道がやや平坦になり、道標に従って右に進むと三頭山の東峰につく。山名の標柱と三角点、そして木造の展望台がある。ここからは大岳山や御前山が間近に眺められる。写真つきの展望板があるので、見えている山の名前を確認していこう。

<mark>三頭山❸</mark>は三つのピーク（＝頭）を持つ山。一番標高が高いのは、標高1531mの中央峰だが、三角点があるのは東峰だ。中央峰は、東峰からすぐ。木々に囲まれて展望はないが、広場になっていてテーブルやイスがある。中央峰からは、いったん御堂峠まで下り、木の階段を登り返す。西峰も木々に囲まれているが、天気に恵まれれば、木々の間から富士山や道志の山々が見渡せる。

鞘口峠から急登が始まる

三頭山東峰の展望デッキ

多くの人で賑わう三頭山山頂（西峰）

滝見橋から眺める三頭大滝

三頭山西峰から富士山を望む

三頭山❸～三頭大滝❺

　三頭山の山頂から南へ伸びる尾根道を下る。下り切ったところが**ムシカリ峠❹**。大沢山、西原峠を経て笹尾根に続く道と分かれて、三頭大滝方面に進む。やや急な斜面を下り、ほどなく沢沿いの道になる。水音が心地よく響き、吹き抜ける風が夏でもひんやりと涼しい。このあたりはブナをはじめ広葉樹が茂る明るい森だ。足元には草花も見られ、夏にはレンゲショウマも咲く。

　沢を何度か飛び石で渡りながら歩いていく。動植物や地質などについての説明看板も多く、分かりやすい。沢を右に左に見ながらどんどん下っていくと、休憩に最適なウッドデッキがある。さらに下っていき、傾斜が少し緩やかになってきたところで大きな休憩小屋に到着。少し進むと吊り橋がある。

　滝見橋と名付けられたこの吊り橋は、**三頭大滝❺**の展望ポイント。橋の上から滝を眺めよう。落差35m、木々に囲まれた岩壁を静かに流れ落ちる滝だ。

三頭大滝❺～都民の森バス停❶

　三頭大滝からは大滝の路を歩いてスタート地点に戻る。ウッドチップが敷かれた、足に優しい平坦な道が続く。途中には展望のよい場所があり、山の看板も立てられているので、見えている山を確認していくとよい。

　のんびりと歩いていけば森林館の建物の脇に出る。ゴールの**都民の森バス停❶**までは歩いて数分だ。時間が許せば森林館に立ち寄っていこう。
（西野）

ウッドチップが敷かれて歩きやすい大滝の路

> **温泉情報　温泉センター数馬の湯**
>
> 檜原村数馬（かずま）地区にある温泉の日帰り入浴施設。男女別に大浴場、露天風呂があり、登山の疲れを心地よく癒すことができる。入浴後は無料の湯上がり処のほか、檜原の名産品を味わえる食事処もある。
> 入浴料820円／10時～19時（土曜・休日は20時まで）／月曜休（祝日の場合は翌日休）／温泉センターバス停下車　☎042・598・6789

バス停からは歩いてすぐ

三頭山　奥多摩

東京都

17 古くから信仰を集めた尋ね人の山

今熊山（いまくまさん）

一般向き

標高	506m
歩行時間	5時間5分
最大標高差	460m
体力度	★★☆
技術度	★☆☆
1/2.5万地形図	五日市

登山適期とコースの魅力

さまざまな花が楽しめる春先がよい。今熊神社のミツバツツジをはじめ、登山口に向かう里山を彩る花木や草花も見応えがある。

●ミツバツツジ
登山口にある今熊神社はミツバツツジの名所。社殿の裏の斜面は、4月中旬にピンク色の花で埋め尽くされる。

サクラ

●コアジサイ
山地の湿った林に見られる低木。初夏に青白い花をつけ、秋には黄葉する。薄暗い針葉樹の林床でよく目立つ木だ。

関連情報●刈寄山と、刈寄山の西にそびえる市道山、臼杵（うすき）山をあわせて戸倉三山と呼ぶ。距離が長く健脚向けだが、静かな縦走登山が楽しめる。

立ち寄りスポット　一言堂

JR高尾駅北口にあるベーカリー＆カフェ。天然酵母のパンや米粉を使ったパンなどを販売している。朝7時30分から営業しているので、行動食として買っていくこともできる。併設のカフェでは身体にやさしいフードメニューやスイーツが味わえる。

7時30分～20時30分／無休
☎042・669・4701

高尾駅北口改札を出てすぐ

刈寄山への登り道から陣馬山方面を望む

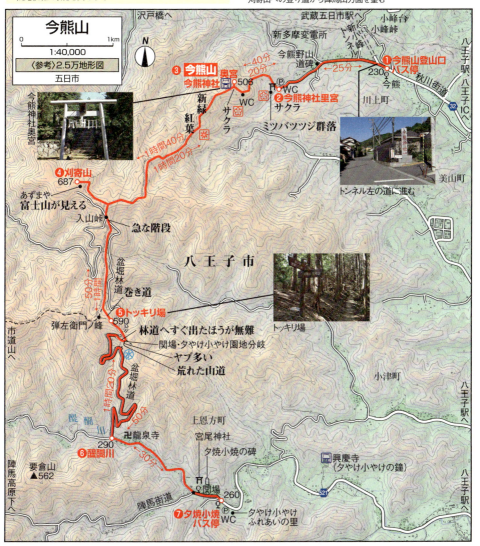

今熊山

奥多摩

江戸時代から「武州の呼ばわり山」と呼ばれてきた信仰の山。行方不明になった人を探す時、山頂からその人の名前を大声で呼べば戻ってくるという言い伝えがある。昔の信仰の道をたどりながら山頂を目指し、童謡「夕焼小焼」のふるさとへ下山する。

今熊山登山口バス停❶～今熊山❸

山頂直下の展望台。ベンチがある

今熊山登山口バス停❶で下車したら、来た道を少し戻り、新小峰トンネルを左に見ながら今熊神社入口の石碑に従って左の道に入る。途中には「いまぐま道」「今熊野山道」などの古い石標が立ち、ここが信仰の道であったことを感じさせてくれる。

今熊神社里宮❷の白い石の鳥居をくぐり、急な石段を登って登山道に取り付く。木の根

今熊神社里宮の荘厳な社殿

や岩が露出しているところもあるので、慎重に。急登をいったん登り切ると、ベンチのある小さな展望台がある。東側の眺めが開け、関東平野を見下ろすことができる。さらに緩やかに進んでいき、公衆トイレのある広場にふたつめの展望台がある。ここから山頂までは古い石段を登ってすぐだ。

今熊山❸の広い山頂はサクラの木々に囲まれ、奥には今熊神社奥宮の白い社殿が建つ。

今熊山❸～刈寄山❹

来た道を少し戻り、道標に従って刈寄山に向かう。明るい雑木林は、新緑や紅葉の時期が美しい。緩やかなアップダウンをしながら標高を上げていくが、小ピークに巻き道が付けられているところも多い。

刈寄山と市道山・陣馬山方面の分岐を右に進み、刈寄山を目指す。岩が露出していたり、ザレているところもあり、短い距離ではあるが気が抜けない。南側の眺望がよく、陣馬山

水場チェック
トッキリ場の先の盆堀林道に1ヶ所あるほかには、コース中に水場はない。

トイレチェック
今熊神社里宮、今熊山山腹展望台と夕やけ小やけふれあいの里にある。

●問合せ先
八王子市役所観光課　☎042・620・7378
http://www.city.hachioji.tokyo.jp/
八王子観光協会　☎042・643・3115
http://www.hachioji-kankokyokai.or.jp/
西東京バス五日市営業所　☎042・596・1611
http://www.nisitokyobus.co.jp/
西東京バス恩方営業所　☎042・650・6660
http://www.nisitokyobus.co.jp/

木製の山名標が立つ今熊山の山頂

が間近に眺められ、その奥はにうっすらと丹沢の山々も見えている。左手にあずまやが現れれば、山頂まではあとひと息だ。

<mark>刈寄山</mark>❹の山頂は木々に囲まれて、眺めは今ひとつ。いったんあずまやまで戻って休憩してもよいだろう。あずまやのあたりからは小さく頭をのぞかせる富士山も眺められる。このルートで唯一、富士山を望むポイントだ。

刈寄山山頂は木々に囲まれている

宮尾神社の社殿脇に夕焼小焼の歌碑が立つ

刈寄山❹〜夕焼小焼バス停❼

刈寄山からはいったん来た道を戻り、道標に従って「市道山・陣馬山方面」に進む。山道をどんどん下っていくと、入山峠で盆堀林道と交わる。すぐに階段を登って再び山道に進む。市道山との分岐で左の巻き道に進む。鞍部になっているところが、<mark>トッキリ場</mark>❺。村人が鳥を捕ったところだという。

ここからは山道を下っていく。急斜面に旧道が続いているが、かなり荒れているので、早めに車道に出てしまったほうが楽だ。道なりに下れば<mark>醍醐川</mark>❻に出て、左折して川沿いの道を進めば、陣馬街道に突き当たる。

すぐに関場バス停につくが、<mark>夕焼小焼バス停</mark>❼まで足を伸ばそう。途中、作詞家の中村雨紅の生誕地である宮尾神社があり、境内に童謡「夕焼小焼」の歌碑がある。　　　（西野）

立ち寄りスポット　夕やけ小やけふれあいの里

八王子市上恩方町は、作詞者・中村雨紅の故郷であり、彼の代表作である童謡「夕焼小焼」のモデルとなった地でもある。夕やけ小やけふれあいの里は、農林業などのレクリエーション活動が体験できる施設。園内にはふれあい牧場や、中村雨紅に関する資料の展示館、写真家・前田真三のギャラリーなどがある。また、園内の宿泊施設「おおるりの家」では、日帰り入浴ができる（13時〜16時／入浴料500円）。入口には農産物直売所もある。

入園料200円／9時〜16時30分（11〜3月は16時まで）／無休／駐車場165台／☎042・652・3072

広々とした園内にはさまざまな体験施設や遊具がある

中村雨紅の生誕地、宮尾神社

吊り橋を渡って園内へ

埼玉県

18 天覧山・多峰主山

展望の頂をつなぐ、なだらかな尾根歩き

家族向け

標高	271m（多峰主山）
歩行時間	2時間15分
最大標高差	166m
体力度	★☆☆
技術度	★☆☆
1/2.5万地形図	飯能

てんらんざん・とうのすやま

登山適期とコースの魅力

標高は200m前後だが、天覧山、多峰主山それぞれのピークからの眺めはすばらしい。春は花木、晩秋には雑木林の紅葉も楽しみ。

1月	2月	3月	4月	5月	6月	7月	8月	9月	10月	11月	12月
		ヤマザクラ	新緑 ツツジ							紅葉	

●天覧山の桜

登山口にある飯能中央公園は市内でも人気の桜の名所。天覧山とあわせて400本の桜が4月上旬に見頃を迎える。

●紅葉の名所・能仁寺

天覧山の麓に建つ能仁寺は、11月上旬にはモミジの紅葉がすばらしい。4月の桜、6月のアジサイや蓮も見どころ。

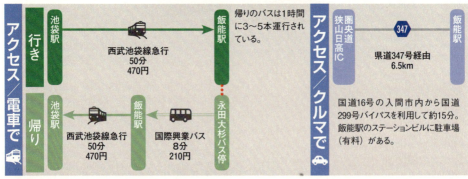

アクセス／電車で

行き：池袋駅 →〔西武池袋線急行 50分 470円〕→ 飯能駅

帰り：飯能駅 →〔国際興業バス 8分 210円〕→ 永田大杉バス停

帰りのバスは1時間に3〜5本運行されている。

帰り：池袋駅 ←〔西武池袋線急行 50分 470円〕← 飯能駅

アクセス／クルマで

狭山日高IC →〔圏央道〕→〔県道347号経由 6.5km〕→ 飯能駅

国道16号の入間市内から国道299号バイパスを利用して約15分。飯能駅のステーションビルに駐車場（有料）がある。

コースタイム

❶飯能駅 →1.8km 25分／25分← ❷能仁寺 →0.6km 20分／15分← ❸天覧山 →1.6km 50分／40分← ❹多峰主山 →0.4km 15分／25分← ❺御嶽八幡神社 →0.6km 25分／30分← ❻永田大杉バス停

水場チェック
水場はない。

 トイレチェック
飯能中央公園、天覧山中段にある。天覧山中段から先は下山までトイレがないので、用を足しておこう。

●問合せ先
飯能市役所 ☎042・973・2111
http://www.city.hanno.saitama.jp/
国際興業バス飯能営業所 ☎042・973・1161
5931bus.com/
飯能駅 ☎042・972・2056

立ち寄りスポット **蔵の町・飯能**

埼玉県内で「蔵の町」といえば川越が有名だが、飯能も中央通りや飯能銀座通り沿いに古い町家が点在している。蔵造りの建物を生かしたショップやカフェ、イベントスペースなどもあり、建物の内部を見ることができる。

蔵造りのカフェも

関連情報 ●飯能市にある五十嵐酒造の代表的な銘柄が「天覧山」。奥秩父からの伏流水を汲み上げて造られ、豊かな味わいが魅力だ。市内の酒屋でも販売されている。

現代アート作品も見られる能仁寺

奥武蔵の入口、飯能市の市街地にそびえる天覧山。多峰主山とつなぐハイキングコースは、家族連れをはじめ、地元の人々が気軽に訪れる散策路としても人気が高い。低山とはいえ山頂からの眺めは申し分なく、山と山をつなぐ雑木林も心地よい。

 飯能駅❶〜天覧山❸

飯能駅北口❶をスタートし、飯能中央通りを左折する。明治・大正時代の古い建物が点在する大通りを進み、飯能河原交差点のT字路を右に進む。歩いていく目の前に見えるなだらかな山が、これから登る天覧山だ。幼稚園を目印に左の路地に進むとほどなく飯能中央公園へ。通りの向こうに能仁寺と、「天覧山入口」の看板が現れる。

天覧山に向かう前に能仁寺❷に立ち寄っていこう。室町時代中期、飯能の武将によって創建された寺で、現在の本堂は明治維新で焼失したのを、昭和11（1936）年に再建したものだ。禅寺らしい風格ある建物が印象的。天覧山の斜面を取り入れて造られた庭園も見事。

境内を散策したら来た道を戻り、天覧山に向かう。はじめは舗装道路で、少し傾斜も強いのでゆっくり歩くといい。舗装道路が終わるところが天覧山中段。あずまやのある広場になっている。その先で道はふたつに分かれていて、どちらからも山頂に着くが、左に進む。山の斜面に十六羅漢が点在している。さまざまな表情の石仏を眺めながら歩くうちに、ちょっとした岩場の道になり、登り切ったところが天覧山❸の山頂だ。

コンクリートの大きな展望台に立ってみよう。関東平野を一望に見渡せる絶景がすばらしい。明治天皇が陸軍の演習を見学された際にこの山に立ち寄り、山頂からの景色に感動したというのが、山名の由来となっている。低くなだらかな丘陵の向こうにそびえるのは奥多摩、丹沢の山々。天気に恵まれれば、遠

立派な山名板が立つ天覧山の山頂

登山者を十六羅漢が見守る

天覧山の展望台から関東平野を一望

心地よい雑木林

多峰主山頂から関東平野を見渡す

あずまやもある雨乞池

くに富士山や池袋、新宿の高層ビル群、さらには東京スカイツリーも眺められる。

天覧山❸～多峰主山❹

山名標の左手から、「多峰主山」への道標に従って進む。急な丸太の階段を一気に下り、かつて水田だった、草が生い茂る湿原を進むと、見返り坂への取り付きだ。源義経の母、常盤御前(ときわごぜん)がこの坂を登り、あまりの風景のよさに何度も振り返ったことが名前の由来といわれるが、今は木々に覆われて見晴らしはそれほどよくない。坂の登り始めには、この地域でしか見られない飯能笹も見られる。

緩やかに丸太の階段を登り、尾根筋に出るとなだらかで快適な樹林歩きになる。雑木林の中を進むと、多峰主山に直登する道と、雨乞池(あまごいいけ)経由で行く道の分岐に出る。どちらから登っても時間的に大差ないが、涸れることなく水が湧いているという雨乞池を訪ねてみてもよいだろう。雨乞池から階段を登り詰めると、**多峰主山❹**の山頂に到着する。

標高300m足らずの山だがすばらしい展望が楽しめる。テーブルとベンチがあるので、景色を楽しみながらゆっくり休もう。山頂には石に経文を書いて埋めたという経塚があり、約1万2000個の石が埋蔵されているという。

多峰主山❹～永田大杉バス停❻

多峰主山をあとに、「八幡神社」方面に下っていく。下り始めは岩が少し出ていて、歩行に注意が必要。しばらく下ると、切り立った崖の上に建つ**御嶽八幡神社❺**(おんたけはちまん)の社殿がある。社殿の前から眺められるなだらかな山々の風景に心が和む。

ここからは石段状になった道をどんどん下っていく。少し急なところもあるので注意したい。下りきって鳥居をくぐるとほどなく沢沿いの道になる。右手に幼稚園の建物が見えてくると、ほどなく名栗街道(なぐり)に出て、少し右に進むと**永田大杉バス停❻**に到着する。　(西野)

立ち寄りスポット　飯能の銘菓・四里餅

老舗和菓子店・大里屋の銘菓「四里餅（しりもち）」。この地で伐採された材木を筏に組んで名栗川で四里の急流を運ぶとき、筏乗りがしりもちをつかずに乗り切れるように餅を食べたという言い伝えが名前の由来だ。もちもちの食感と甘みが絶妙。永田大杉バス停から徒歩3分。
8時30分～17時　月曜休　☎042・972・3600

地元の人々にも愛される銘菓

埼玉県

19 奥武蔵人気のハイキングコース

一般向き

標高	375m（物見山）
歩行時間	3時間45分
最大標高差	265m
体力度	★★☆
技術度	★☆☆
1/2.5万地形図	飯能

日和田山（ひわださん）・物見山（ものみやま）

登山適期とコースの魅力
秋の彼岸の観光スポットとして有名な巾着田から巡る静かな里山歩き。標高は低いながらも展望も楽しめる魅力の山だ。

	1月	2月	3月	4月	5月	6月	7月	8月	9月	10月	11月	12月
新緑												
紅葉												
マンジュシャゲ												
コスモス												

●**金刀比羅神社からの展望**
金刀比羅神社手前に立つ鳥居からは西側から南側にかけての展望がよい。東京都心や富士山もよく見える。

●**巾着田のマンジュシャゲ**
曲流する高麗川沿いに約500万本のマンジュシャゲが赤い絨毯を敷き詰めたように咲く。毎年秋の彼岸が見頃となる。

アクセス／電車で

行き：池袋駅 → 西武池袋線 1時間5分 530円 → 高麗駅

帰り：武蔵横手駅 → 西武池袋線 1時間20分 530円 → 池袋駅

高麗駅へは池袋駅からの直通電車はないので、飯能駅まで急行で行き、普通に乗り換える。同様に、帰りも飯能駅で乗り換えとなる。

アクセス／クルマで

圏央道狭山日高IC → 県道262号・15号経由 8.7km → 巾着田

登山口に20台ほどの無人駐車場（有料300円）、巾着田に24時間利用できる駐車場（有料500円）がある。マンジュシャゲの開花時期には周辺は大混雑する。

コースタイム

❶高麗駅 →0.7km 20分/20分→ ❷鹿台橋 →1.4km 40分/30分→ ❸日和田山 →1.0km 35分/30分→ ❹駒高 →0.7km 15分/15分→ ❺物見山 →1.7km 45分/30分→ ❻北向地蔵 →3.5km 1時間10分/1時間15分→ ❼武蔵横手駅

春の巾着田から望む日和田山

水場チェック
金刀比羅神社手前の男坂に水場がある。巾着田の入口、高麗本郷の交差点にはコンビニエンスストアもあるので、そこでも購入できる。

トイレチェック
巾着田入口、登山口の少し上、駒高の3ヶ所。

●問合せ先
日高市観光協会 ☎042・989・2111
http://www.hidakashikankou.gr.jp
日高市巾着田管理事務所 ☎042・982・0268
http://www.kinchakuda.com/

日和田山・物見山

奥武蔵

関連情報●マンジュシャゲの時期は朝早く行っても7時くらいで駐車場が満車になることもある。この時期は電車を利用するのがおすすめだ。

奥武蔵エリアで人気の里山ハイキングコースである。無理なく気軽に楽しめるのがこのコースの魅力である。標高は日和田山・物見山ともに300mほどの高くはない山だが、金刀比羅神社からの展望や歩きやすく静かな尾根歩きを満喫できる。麓の巾着田は、春は桜や菜の花、秋はマンジュシャゲやコスモス畑が広がる名所となっている。

巾着田を彩るマンジュシャゲ

高麗駅❶〜日和田山❸

赤い2本のトーテムポールが目立つ<mark>高麗駅❶</mark>駅前から、線路に沿って左に曲がっていく。踏切を渡り、国道299号を横切って道なりに歩く。そのまま道路を直進してもよいが、高札場跡から指導標に従って右に折れ、裏路地を歩いて<mark>鹿台橋（ろくだいきんちゃくだ）❷</mark>へ向かう。橋を渡って右手が名所の巾着田で、春や秋の花の時期にはぜひ寄り道していきたいところだ。巾着田はその名の通り、巾着型を描くように高麗川が蛇行して流れており、秋の彼岸の頃は川沿いがマンジュシャゲ（彼岸花）の群生地となっていて多くの観光客で賑わう場所だ（マンジュシャゲの花期は入場料300円）。

巾着田の反対側、県道15号の高麗本郷の交差点を渡り、緩やかに登って日和田山の登山口へ向かう。途中で細い道を左に折れるが、看板が立っているので迷うことはないだろう。また、高麗本郷の交差点にはコンビニエンスストアがあるので、登る前にここで水や食料を補給しておくとよい。登山口手前には約20

金刀比羅神社

台ほど停められる駐車場があるが、休日は満車になることも多い。登山道に入ってほんの少し登ると右手にあずまやとトイレがある。やや急な登り始めだが、そう長くは続かない。

勾配がいったん落ち着くと左が男坂、右が女坂に分かれる鳥居に出る。男坂は岩が多く急なので、岩場登りに不安があれば女坂を利用するとよい。なお、男坂の途中には水場があり、そこから岩場を避ける見晴らしの丘経由で登ることもできる。鳥居が立つ男坂と女坂の合流点は展望のよい露岩の台地となっており、南側の眼下には巾着田、南西側は富士山や大岳山（おおだけさん）が目立つ。岩場の奥にある金刀比羅（ことひら）神社から右の道を取り、<mark>日和田山❸</mark>山頂へ。樹林に囲まれた静かな場所で、東側の日高方面の展望が開けている。

展望のよい露岩の台地

日和田山山頂は日高方面の展望が開ける

日和田山❸〜物見山❺

　日和田山からの下りはやや急な坂で始まる。下ってすぐに金刀比羅神社からの巻き道と合わさり、樹林の尾根道を緩やかに登って車道に出る。無線中継所の建つ高指山は西側を巻き、舗装された道を下っていくと右手にあずまやが見え、富士山や大岳山の展望がよい開けた駒高❹の集落に到着する。茶店「ふじみや」があるので、展望のあるこのあたりで休憩をとるのもよいだろう。

　駒高から少し進むと、右手に物見山への赤い標柱がある。すぐに樹林帯の道に入り、ほんのひと登りで物見山❺へ到着する。山頂三角点は標柱から東へ約100m行った道の奥で、静かな樹林に囲まれている。物見山の標柱付近はベンチがいくつか置かれた小広い場所なので、休日はここで昼食を広げている登山客が多い。展望は楽しめないが、気持ちのよい場所である。

標柱が立つ物見山山頂。一等三角点は東の奥にある

物見山❺〜武蔵横手駅❼

　物見山から尾根道を下り、宿谷ノ滝への分岐点となるヤセオネ峠に出る。静かな樹林帯をさらに進み、小名瀬への道を左手に見送って直進していくと一度林道を横切り、再び登山道に入るとすぐ北向地蔵❻に到着する。林道に面した北向地蔵から標識に従って山道を下り、林道歩きになれば五常ノ滝が近い。道の左手に五常ノ滝への看板があり、ほんの少しの下りで見にいかれるので立ち寄っていこう。滝の落差はあまりないものの、なかなか趣のあるしっとりとした滝だ。

　五常ノ滝からは沢沿いに舗装された道を下っていく。休日はよく車も通るので、注意して歩こう。緩やかに下り国道299号にぶつかると、右手に武蔵横手駅❼が見える。　　　（西田）

ひっそりとしたたたずまいの北向地蔵

さわやかな流れの五常ノ滝

展望スポット　金刀比羅神社

　男坂と女坂の合流点、金刀比羅神社前の鳥居は露岩の台地となっており、南側から西側の展望がすばらしい場所だ。眼下に見える巾着田から遠くに東京都心、丹沢山塊や奥多摩、奥武蔵の山々はもちろん、富士山の展望まで楽しめる。南側の景色は鳥居の手前に展望板があるので、どこが見えているのかをよく確かめておこう。

金刀比羅神社の展望

埼玉県

20 桃源郷のような山上集落から義経伝説の峠へ

一般向き

標高	567m（越上山）
歩行時間	5時間15分
最大標高差	440m
体力度	★★☆
技術度	★☆☆
1/2.5万地形図	飯能、越生、正丸峠

ユガテから顔振峠
（かあぶりとうげ）

登山適期とコースの魅力

奥武蔵の里山風景。春先は民家の庭先が花木で彩られ、まるで桃源郷のようだ。晩秋から冬、ひだまりハイキングの楽しみも。

1月	2月	3月	4月	5月	6月	7月	8月	9月	10月	11月	12月
			新緑							紅葉	
		ミツバツツジ									
		ヤマザクラ									

●花に彩られる山上集落

ユガテが最も美しく彩られるのは春先。桜やツツジが山々を彩り、畑の菜の花が色を添える。夏はひまわり畑も見どころ。

●ホタル生息地

東吾野駅からユガテに向かう虎秀川沿いはホタルの生息地。清流が守られていて、夏の夕暮れには儚く光る姿が見られる。

アクセス／電車で

行き：池袋駅→西武池袋線急行・秩父線 1時間15分 560円→東吾野駅

帰り：東吾野駅→黒山バス停→川越観光バス 20分 350円→越生駅→東武東上線 1時間5分 720円→池袋駅

行きは、飯能駅で普通に乗り換える。帰りのバスは1時間に1本程度。越生駅からはJR八高線で八王子方面に出ることもできる。

アクセス／クルマで

圏央道狭山日高IC→県道347号・国道299号経由 17km→東吾野駅

東吾野駅に駐車場がある（有料1日500円）。そこに停めた場合は、顔振峠から吾野駅に下り、電車で東吾野駅に戻る。

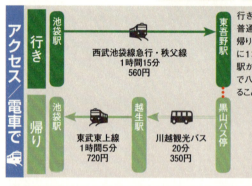

コースタイム

①東吾野駅 —0.7km 10分／10分→ ②福徳寺 —1.9km 50分／40分→ ③ユガテ —3.4km 1時間50分／1時間20分→ ④越上山 —1.7km 30分／40分→ ⑤顔振峠見晴台（往復20分）—1.3km 30分／30分→ ⑥黒山三滝分岐 —1.5km 1時間10分／1時間50分→ ⑦黒山三滝 —1.0km 15分／15分→ ⑧黒山バス停

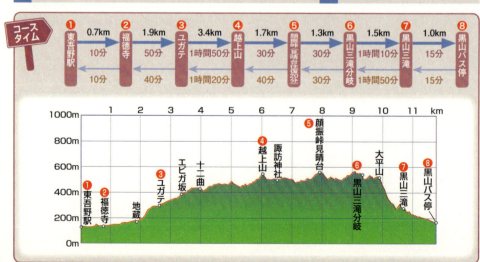

深い山の中、突如現れる畑や民家。ユガテは、不思議な響きの名前が心に残る山上集落だ。雨乞い神事が行われたという越上山、義経・弁慶の伝説が残る顔振峠とつないで、静かな里山歩きを楽しみたい。

コースガイド

東吾野駅❶〜ユガテ❸

東吾野駅❶を出たら、すぐに高麗川を渡り、国道299号を秩父方面へ。「ユガテ」への道標に従って右折し、虎秀沢沿いの道を進む。目の前に山々が連なり、のどかな里山風景が広がる心地よい道だ。国指定重要文化財の阿弥陀堂がある福徳寺❷を過ぎ、しばらく歩くと石の地蔵が立つ分岐を右に進む。大きな看板

ユガテは静かな山上集落だ

立ち寄りスポット　顔振峠の茶店

昔から、多くの旅人が行きかった顔振峠には、数軒の茶店が並び、今もハイカーの憩いの場だ。道路を隔てて向かい合う顔振茶屋と平九郎茶屋は、いずれも眺めのよさが自慢。山菜やきのこなど、旬の山の幸を使った料理も楽しみのひとつだ。少し離れて建つ富士見茶屋は、名物の手打ちそば目当てに訪れる客も多い。

右が顔振茶屋

平九郎茶屋からの眺め

水場チェック
途中には水場はないが、顔振峠の茶店で調達できる。

トイレチェック
ユガテ、諏訪神社下、顔振峠などにトイレがある。

●問合せ先
飯能市役所　☎042・973・2111
http://www.city.hanno.saitama.jp/
越生町役場　☎049・292・3121
http://www.town.ogose.saitama.jp/
川越観光バス
☎0493・56・2001

もあるので分かりやすい。

はじめは舗装道路で、すぐに山道になる。杉林のなか、登り道が続く。しばらく進むと視界が開け、畑や広場のある平地に飛び出す。ユガテ❸（湯ヶ天）という山上集落で、300年以上続いているという2軒の農家が今もここで生活をしている。広場にはベンチやテーブルもあるので、休んでいくといいだろう。

ユガテ❸〜顔振峠❺

ユガテからは登山道がいくつかに分岐しているが、「顔振峠・エビガ坂」方面へ。民家の脇を進み、裏山に登っていく。しばらくは緩やかな登り。つやつやしたヒサカキの木々が目立つようになると、エビガ坂。右に進めば鎌北湖方面だが、左に進む。常緑樹の森はうっそうとしてまるでジャングルのようだ。十二曲からは傾斜もどんどん急になっていく。なかなか見晴らしもきかず、がんばりどころだ。

一本杉峠の分岐を過ぎると、道はなだらかになっていく。黒山への車道をいったん横断

樹林に囲まれた越上山山頂

苔むした役行者の石像

し、再び山道へ。険しい岩尾根を巻くようになだらかな道がつけられている。途中で越上山への分岐があるので、往復していこう。途中が少しガレで登りにくく、山頂直下の岩場もやや手強いので慎重に。越上山❹の頂は木々に囲まれて展望がないが、山頂に向かう少し手前、東側の眺めが開けたポイントがある。ちなみに越上山は、古くは「拝み山」「古諏訪山」とも呼ばれ、かつては山上に諏訪神社が祀られていたという。

分岐まで戻り、顔振峠を目指す。なだらかな道を進み、歴史を感じさせる諏訪神社の境内に入り、さらに杉林の中の山道を進んでいくと、奥武蔵グリーンラインの車道に出て、しばらく進むと茶店の並ぶ顔振峠❺に着く。顔振茶屋の奥から登山道を登れば10分ほどで雨乞塚のある見晴台へ。木々に囲まれているが、東方面の眺めはよい。

顔振峠❺〜黒山バス停❽

顔振峠は源義経ゆかりの地である。峠の名前には、兄である頼朝に追われて半泉に落ち延びていく義経が、景色の美しさに何度も振り返ったという説と、家来の弁慶が十二曲の急坂でバテてあごを出し、首を振りながら登ったという説がある。そして「かあぶり」という地名の読みは、急な地形を示す「被り」「冠」の意味であるとも言われる。峠からは奥武蔵、奥多摩の山々が屏風のようにつらなるのが眺められる。

顔振峠からは黒山三滝を目指す。グリーンラインを進み、分岐の道標❻に従って黒山三滝方面へ。大平山には苔むした役行者の像があり、そこだけ独特の雰囲気をかもし出している。大平山から先はややザレて急な坂を下っていく。途中にはロープを伝って岩を下るところもあり、なかなか気が抜けない。道がなだらかになるとほどなく、黒山三滝❼へ。室町時代に修験者の道場として開かれ、広く信仰を集めていた滝だ。岩肌を堂々と流れる男滝、女滝を間近に眺め、さらに下流の天狗滝に立ち寄り、黒山バス停❽に向かう。

(西野)

黒山三滝。上が男滝、下が女滝

温泉情報 ニューサンピア埼玉おごせ

テニスコートやプールなど、充実したスポーツ施設を備えた宿泊施設。日帰り温泉施設「梅の湯」では、広々とした大浴場と露天風呂で汗を流すことができる。アルカリ性単純温泉の湯は肌触りがなめらかだ。入浴後はお休み処も兼ねたお食事処でくつろげる。黒山三滝から越生行きバスでアクセスできる。

入浴料780円（フェイスタオル付き）／9時〜22時／無休／☎049・292・6111／越生駅からバス10分

岩風呂の露天風呂が快適

埼玉県

21 1300年の歴史を刻む 奥武蔵有数の古刹を訪ねて

一般向き

標高	771m
歩行時間	4時間50分
最大標高差	525m
体力度	★★☆
技術度	★☆☆

1/2.5万地形図	正丸峠

高山不動と関八州見晴台
（たかやまふどう）（かんはっしゅうみはらしだい）

登山適期とコースの魅力

晩秋、高山不動のイチョウやカエデの紅葉がすばらしい。関八州見晴台の頂上付近はツツジが多く、4月下旬～5月上旬に見頃を迎える。

●関八州見晴台の花木
ミツバツツジやヤマツツジが展望に色を添える。西吾野駅周辺にソメイヨシノ、関八州見晴台付近にはヤマザクラも見られる。

●高山不動の紅葉
境内の大イチョウの黄色、本堂前のカエデの赤が見事。落ち葉がまるで絨毯のように地面を埋めるのも美しい。

池袋駅から飯能駅までは急行を利用し、飯能駅で秩父線の普通に乗り換える。飯能駅からは約30分かかる。

西吾野駅付近には駐車場はない。駅からクルマで5分ほどの奥武蔵あじさい館に停める。また、高山不動裏手の不動茶屋跡の駐車場が利用できる。

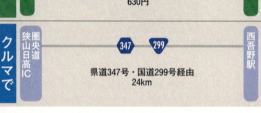

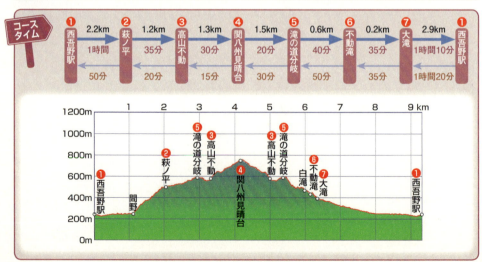

関八州見晴台からの展望

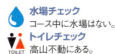

● **水場チェック** コース中に水場はない。
● **トイレチェック** 高山不動にある。

●問合せ先
飯能市役所 ☎042・973・2111
http://www.city.hanno.saitama.jp/
西吾野駅 ☎042・978・1222

高山不動と関八州見晴台

奥武蔵

道しるべのある橋を渡る

秩父鉄道をくぐる

高山不動と関八州見晴台
0 500m
1:25,000
〈参考〉2.5万地形図
正丸峠

関連情報●関八州見晴台の「関八州」とは、武蔵、相模、下総、上総、安房、上野、下野、常陸の8ヶ国、関東八州のこと。現在でいう関東地方（東京、神奈川、埼玉、千葉、茨城、群馬、栃木）。

奥武蔵の古刹・高山不動は、千葉の成田不動、東京の高幡不動とならび、関東三大不動のひとつに数えられる。間近まで車道が通っており、車で参拝することもできるが、昔の信仰登山を思いながら山道を歩いて詣でるのもよい。高山不動の修行場にもなっている滝にも立ち寄っていきたい。

奥武蔵きっての古刹、高山不動

西吾野駅❶〜高山不動❹

西吾野駅❶から、「高山不動尊」の道標に従って登山口を目指す。川沿いの道を進んでいき、古びた道標と石の道しるべがたもとにある小橋を渡る。道しるべの文字は判別しづらくなっているが「右たかやま（高山不動）、左じくわう（慈光寺）、川しも子のごんげん（子ノ権現）」と書かれている。橋を渡り少し進み、民家の手前の道を左に進む。小さな木の道標を見逃さないように。

すぐに杉林になる。広くて歩きやすい道が、ジグザグに続いている。進んでいくうちに、広葉樹や常緑樹も混じり始め、萩の平❷へ。かつては茶店があったが、今は建物が残るのみだ。ここからはやや緩やかな道が続く。太いカエデの木と小さな祠がある滝の道分岐❸からは下り道に。

どんどん進んでいくと大イチョウがそびえる高山不動の広場に出る。110段の急な石段を登れば、高山不動❹の不動堂が建っている。白雉7（656）年の創建と伝えられる、1000年以上の歴史をもつ古刹だ。赤い屋根と回廊が印象的な建物は、一度焼失したものを、江戸時代後期から幕末にかけて地元の棟梁たちが再建したものだという。

高山不動❹〜関八州見晴台❺

高山不動の境内から「関八州見晴台」の道標に従って進む。しばらくコンクリート舗装の急坂を登り、奥武蔵グリーンラインと交差するところにあった茶店跡の右手から登山道に入る。ツツジなどの灌木が多く、空が広く明るい雰囲気になる。道はいくつかつけられているが、どれも関八州見晴台に続いている。再び奥武蔵グリーンラインの舗装道路を横切れば、山頂まではほんのひと登り。春先なら

立ち寄りスポット　高山不動の大イチョウ

高山不動の境内にそびえる、埼玉県の天然記念物にも指定されている大イチョウ。樹齢は推定800年といわれている。「子育てイチョウ」とも呼ばれ、産後に祈願すると乳の出がよくなることから、名付けられたと言われる。階段側から回り込んでみると、露出した根からは「乳」と呼ばれる気根（きこん）が垂れ下がっている。

気根が垂れている大イチョウ

明るい広葉樹林を抜けて、関八州見晴台へ向かう

高山不動尊奥ノ院が置かれた関八州見晴台

落差15mの大滝

　ツツジのプロムナードになるだろう。
　関八州見晴台❺には、高山不動尊奥ノ院の木の祠が建てられている。かつては名前の通り関八州（関東一円）が見渡せたという絶景スポットだ。桜やモミジの木々に覆われているが、眺めはよく、特に西側からは奥多摩、奥武蔵の山々が一望のもと。武甲山の特徴的な三角形の山容も分かりやすい。また、東側には平野の向こうに赤城山など上州の山々も眺められる。あずまややベンチもあり、ゆっくりと休憩をとりたいところだ。

関八州見晴台❺〜西吾野駅❶

　下山は不動三滝に足を運ぼう。不動三滝は不動滝、大滝、白滝の3つからなり、不動滝は今も高山不動の修行場となっている。
　滝の道分岐まで来た道を戻り、「不動三滝・西吾野駅」方面へ進む。急な下り道を進んでいき、砂利道の林道に出たら道標に従って右に進み、すぐに左の斜面の踏み跡をたどる。
　ほどなく、岩肌を流れ落ちる白滝が現れる。林道まで戻り、次なる不動滝を目指す。林道を進むと広々とした屋敷跡があり、さらに山腹を巻くように進んでいくと不動滝❻に至る。大きな岩壁がそそり立ち、下は洞窟状になっている。水量自体は少ないが、圧倒されるような景色だ。
　不動滝から屋敷跡まで来た道を戻り、林道を下る。コンクリートの舗装道路に出たら左に進み、やがて民家の庭先を通るようにして再び山道の下りに入る。分岐が現れればほどなく大滝❼へ。落差15m、3段に流れ落ちる清らかな滝だ。
　大滝の分岐まで戻り、沢沿いの道を下っていくと舗装道路に出る。さらに進み、間野の集落まで戻れば、ゴールの西吾野駅❶までは30分ほどの道のりだ。
（西野）

今も修行が行われる不動滝

> **温泉情報　休暇村 奥武蔵**
>
> 洋館風の建物が印象的な休暇村で、日帰り入浴も利用できる。ガラス張りで明るい内風呂と、日本庭園の中にしつらえられたような露天風呂があり、どちらも広々としている。入浴後は無料の湯上がり処や、天然水のかき氷が味わえるカフェもあり、ゆっくりくつろげる。
> 日帰り入浴大人620円／10時30分〜16時30分（月曜、金曜は11時30分〜）／無休／駐車場110台／☎042・978・2888／西吾野駅から徒歩20分。西野駅から送迎バスあり

広々として開放感あふれる露天風呂

埼玉県

22 伊豆ヶ岳から子ノ権現

歩き甲斐のある奥武蔵人気の山

いずがたけ　　　　　ねのごんげん

一般向き

標高	851m
歩行時間	6時間5分
最大標高差	545m
体力度	★★☆
技術度	★☆☆

1/2.5万地形図　正丸峠、原市場

登山適期とコースの魅力

駅から駅をつなぐコースでアクセスもよく、歩く距離もそこそこあって充実度が高い。新緑や紅葉の見ごたえも十分の山。

1月	2月	3月	4月	5月	6月	7月	8月	9月	10月	11月	12月
			新緑							紅葉	
フクジュソウ				アカヤシオ							
マンサク											

●伊豆ヶ岳の展望

落葉した晩秋が展望の見頃で、山頂からは武川岳や武甲山といった近隣の山から遠くは浅間山、日光連山などが見える。南東の方角には東京都心方面の眺め、南側の木々の間からは丹沢の山なみを確認できる。

アクセス／電車で

行き：池袋駅 → 西武池袋・秩父線 1時間31分 670円 → 正丸駅（平日は飯能で西武秩父行きの普通電車に乗り換える。土曜・休日には正丸駅に停車する快速急行が運行されるので、これを利用すると便利。）

帰り：吾野駅 → 西武秩父・池袋線 1時間23分 600円 → 池袋駅

アクセス／クルマで

圏央道 狭山日高IC → 国道299号 26.5km → 正丸駅

正丸駅前に有料駐車場（1日500円、10台）がある。帰りは吾野駅から西武線で正丸駅まで戻るとよい。

コースタイム

❶正丸駅 →2.6km/1時間15分→ ❷正丸峠 →0.7km/25分→ ❸小高山 →1.1km/35分→ ❹伊豆ヶ岳 →3.2km/1時間30分→ ❺天目指峠 →1.4km/50分→ ❻子ノ権現 →1.6km/30分→ ❼滝不動 →3.2km/50分→ ❽吾野駅

（復路）❶←1時間←❷←20分←❸←30分←❹←2時間10分←❺←40分←❻←45分←❼←50分←❽

標高断面図：❶正丸駅 — 大蔵山集落 — 馬頭観音 — ❷正丸峠 — ❸小高山 — ❹伊豆ヶ岳 — 五輪山 — 古御岳 — 高畑山 — 中ノ沢ノ頭 — ❺天目指峠 — ❻子ノ権現 — ❼滝不動 — 石塚園(古民家) — 芳延 — ❽吾野駅

子ノ権現天龍寺の本堂

水場チェック
コース中に水場はない。正丸峠の茶店を利用すれば補給できるが、正丸駅で十分用意しておこう。

トイレチェック
正丸駅以外、コース中にはない。正丸峠の茶店にはあるが、茶店を利用すること。下山路では子ノ権現に公衆トイレがある。

●問合せ先
飯能市観光協会　☎042・980・5051
http://www.hanno-tourism.com
西武鉄道お客さまセンター　☎04・2996・2888

関連情報●子ノ権現から竹寺経由で小殿に下り、さわらびの湯に立ち寄るのもよい。

標高851m伊豆ヶ岳は奥武蔵の山でも人気が高く、正丸駅から登って子ノ権現を経て吾野駅へ向かう本コースは、しっかりと距離もあって丸一日楽しめる。アップダウンも多いので、入門向きというよりはやや歩き慣れた人向けの山だろう。コースの始点と終点がともに駅なので、アクセス面は非常に優れていて気兼ねなく山歩きが楽しめる。

馬頭観音の分岐から正丸峠へ向かう

 ## 正丸駅❶〜正丸峠❷

　まずは正丸駅❶を出て、右の急な階段を下りてガードをくぐる。安産地蔵尊のある静かな集落の沢沿いの車道を緩やかに登っていき、馬頭観音のある分岐を見送って少し歩くと、道は車道から山道へと変わる。馬頭観音の分岐から直接五輪山へ登ることもできるが、ここはひとまず正丸峠へ向かおう。

　小沢沿いにたどって登り、小さな祠を過ぎると分岐で、右の旧正丸峠への道を分けてひと登りする。急な木の階段を上がって車道に出ると正丸峠❷だ。

　峠には茶屋が一軒建ち、南東側の展望が開けている。空気の澄んだ季節はここからの展望もよく、東京都心部、目を凝らすと東京スカイツリーが確認できる。峠の茶屋でひとまず一服するもよし、ひと呼吸ついたらコースを先に進もう。

正丸峠❷〜伊豆ヶ岳❹

　展望のよい茶店の裏手から、樹林帯の登山道へと入っていくと、次第に二子山、武川岳が樹々の間から見えるようになる。

　尾根上、休憩ベンチの一段上が小高山❸だ。小高山からはいったん少し下り、長岩峠を経て急坂を登りきると小広いピークの五輪山に出る。五輪山のすぐ下で馬頭観音への分岐と出合い、下り切ると大きな岩場の前に出る。目の前の岩場は伊豆ヶ岳山頂へと直登する男坂だ。行く手を阻むように看板が立っており、登る際は自己責任となる。ここは転落事故が多いので女坂で登るのがよいだろう。右手の

立ち寄りスポット　子ノ権現

「魔火のため腰と足を傷め悩めることあり。故に腰より下を病める者、一心に祈らば、その験を得せしめん。」という言葉が子ノ権現縁起にあり、古くから足腰守護の神仏として信仰が続いている。そのため履物を奉納して願をかける習わしがあり、境内には重さ2トンの大きな鉄ワラジが置かれている。ハイカーとしては、ぜひご利益にあずかりたい。

子ノ権現に奉納された大ワラジ

伊豆ヶ岳山頂から南東の展望

女坂は崩落しているが、崩落を迂回した中間道を利用でき、登り切ると細長い尾根上の**伊豆ヶ岳**❹山頂につく。山頂の一角からの展望はそこそこで、奥武蔵の山、南には奥多摩、秩父の山越しに浅間山、都心方面の眺めもなかなか楽しめる。特に晩秋は樹々の落葉と澄んだ空気で展望がよい。標柱が立つ山頂はややせまいが、山頂部に登り切ったところは小広くなっているので、休憩は山頂部北側がおすすめだ。ここで時間的にもちょうどよくお昼休憩とするのがよい。コースとしてはここからが長いので心しておこう。

伊豆ヶ岳❹〜吾野駅❽

　伊豆ヶ岳山頂からは急な下り坂が続く。山伏峠への分岐を過ぎて、いったん大きく下っていく。急な登り返しで古御岳に到着、あずまやのある山頂は樹林の中で展望はきかない。古御岳からの下り坂はすべりやすいのでスリップに注意しながら下っていく。やがてアセビの群落の道が続くと、樹林に囲まれた高畑山に出る。途中、送電線の鉄塔の脇を通ってゆるやかに下っていき、中ノ沢ノ頭を越える。伊豆ヶ岳と古御岳が見え隠れする樹林帯を下り、祠のある旧**天目指峠**❺からいったん車道に出て、岩がちの道を登り返す。二度ほどニセピークに騙されながらも愛宕山までたどりつけば、足腰守護の神仏、**子ノ権現**❻は近い。子ノ権現が近づいてくるとちょっとした展望スポットがあり、振り返る北西側に古御岳と伊豆ヶ岳の姿を確認できる。

子ノ権現付近から伊豆ヶ岳と古御岳を望む

　子ノ権現に到着して境内へ入ると、シンボルともなっている巨大な鉄ワラジと鉄下駄がまず目を引く。子ノ権現は足腰の病に霊験があるといわれるので、隣にある本堂で足腰の守護と登山の安全を祈願しておこう。

天目指峠のあずまや

　子ノ権現からは真っ赤な2体の仁王像の山門を通り、大きな二本杉を通って車道を左にカーブして、右手の樹林の登山道を下っていく。降魔橋を渡ると車道に出て、**滝不動**❼へ向かう。ハイクシーズンの週末は登山者で賑わう手打ちうどんの浅見茶屋、紅葉の名所秩父御嶽神社を通り、指導標に従って線路脇の道を歩いていくと**吾野駅**❽が見えてくる。

（西田）

立ち寄りスポット　浅見茶屋

創業昭和7年の老舗茶屋。こだわりのある自家製手作りのうどん、デザートが売りで、登山客だけでなく一般客も多い。長いコースを一日歩いて小腹が空いてきた頃、吾野駅へ向かう前に一服していきたいお店だ。
11時〜16時頃／水曜休、第4木曜休／☎042・978・0789

週末は登山客で賑わう浅見茶屋

埼玉県

23 静かな山歩きと温泉を楽しむ

一般向き

標高	1044m
歩行時間	5時間15分
最大標高差	715m
体力度	★★☆
技術度	★☆☆

1/2.5万地形図　原市場

蕨山（わらびやま）

登山適期とコースの魅力

山頂展望台からの展望と静かな尾根歩きが楽しめる山。距離もそこそこで一日楽しめる。下山後の温泉も魅力的だ。

| 1月 | 2月 | 3月 | 4月 | 5月 | 6月 | 7月 | 8月 | 9月 | 10月 | 11月 | 12月 |

ミツバツツジ / 新緑 / 紅葉

● 蕨山からの展望

標識のある蕨山展望台からは奥多摩側の一部を除いて展望がすばらしい。春は山頂のヤマザクラも美しい。

● 樹林帯の新緑と紅葉

クヌギやコナラ、カエデなどが生える樹林帯では、4月下旬から5月の新緑、11月上旬の紅葉が見ごたえがある。

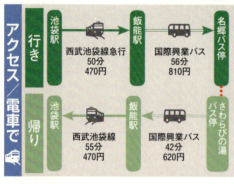

アクセス／電車で

行き：池袋駅 →[西武池袋線急行 50分 470円]→ 飯能駅 →[国際興業バス 56分 810円]→ 名郷バス停 … さわらびの湯バス停

帰り：さわらびの湯バス停 →[国際興業バス 42分 620円]→ 飯能駅 →[西武池袋線 55分 470円]→ 池袋駅

バスは名郷から飯能へ直行するものとさわらびの湯バス停に立ち寄るものとがある。時間に合わせて下の河又名栗湖入口バス停まで足を延ばしてもよい。

アクセス／クルマで

圏央道狭山日高IC →[県道347号経由 6.5km]→ 飯能 →[県道70号・53号経由 24km]→ 名郷

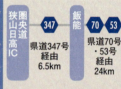

名郷バス停に数台が置ける有料駐車場（平日500円・土曜・休日700円）がある。さわらびの湯の駐車場（150台、無料）に停めてバスで名郷まで行けば、帰りが便利になる。

コースタイム

❶名郷バス停 →[3.0km 2時間20分 / 1時間40分]→ ❷蕨山 →[2.7km 1時間5分 / 1時間40分]→ ❸大ヨケノ頭 →[2.3km 1時間 / 1時間20分]→ ❹金比羅神社 →[2.3km 40分 / 1時間]→ ❺さわらびの湯バス停

水場チェック
コース中に水場はないので、名郷バス停近くの自動販売機を利用する。

トイレチェック
名郷バス停にトイレがあるが、コース中にはない。出発前に用を足そう。

● 問合せ先
飯能市観光協会
☎042・980・5051
http://hanno-tourism.com
国際興業バス飯能営業所　☎042・973・1161
http://www.kokusaikogyo.co.jp/

立ち寄りスポット　お休処 やませみ

さわらびの湯バス停すぐそばに建つ地元の農林産物加工直売所。うどんなどの軽食の他、まんじゅうやケーキなども販売している。特に名栗まんじゅうは人気。

産直みやげはここで

9時～16時／水曜休（祝日を除く）／駐車場40台／☎042・979・0010

蕨山　奥武蔵

関連情報● 名郷からのルートで、尾根上の岩場はあなどれない。とくに冬場は凍るので滑りやすい。事故も起きているので下りにとらないほうがよいだろう。

105

雄岳 / 榛名富士 / 武甲山 / 小持山 / 大持山 / 日向山 / 二子山 / 荒船山 / 五龍岳 / 御巣鷹山

　山頂から見渡せる奥武蔵の展望と静かな樹林歩きで人気の蕨山。山頂から長く南東に延びる金比羅尾根の下りもなかなかのもので、プチ縦走の気分が味わえる。下山口には日帰り温泉施設のさわらびの湯で汗を流せる温泉付き日帰りハイキングコース。

名郷バス停❶〜蕨山❷

　名郷バス停❶で下車し、トイレを右手に、左の細い道に入る。すぐに蕨入橋を渡り、しばらくゆるやかな登りの林道を歩くと堰堤に出て、右手の樹林帯に入っていく。

　登山道はなかなかの急坂で始まり、つづら折れの道で登っていく。蕨山から北に延びる尾根に出ると勾配は緩み、しばし気持ちのよい尾根歩きが楽しめる。

　標高を上げていくと東側の展望が開け、伊豆ヶ岳と古御岳の目立つ2ピークの景色が楽しめる。このあたりは風通しもよく、新緑や

展望盤のある蕨山の展望台

紅葉の季節は特に気持ちがよい。

　やがて尾根の勾配が増してきて、ロープの垂れる岩場が現れる。慎重に進めば危険なところではないが、のどかな景色とは裏腹に、しばらくはところどころで急な岩場歩きとなる。もし下山に使う場合はスリップに注意。

　急坂を登り切ると小広い平坦地の分岐に出て、道は展望台へ向かう南方面と最高点の西方面に分かれる。ここから西に3〜4分いったところが**蕨山**❷最高点で、2万5000分の1地形図「原市場」に記載されている「1044m」だ。樹林に囲まれて全く展望はきかないが、せっかくなので寄っておこう。

　最高点を踏んだら先ほどの分岐に戻り、今度は南方面の登山道を直進すると、南東から北西側が開けた1033mの露岩の展望台に到着する。展望台には展望盤と「蕨山」の大きな看板があり、ベンチが並んでいる。関東平野の展望がよく、近くは武甲山、武川岳、棒ノ折山、伊豆ヶ岳、空気の澄んだ日には赤城

名郷バス停

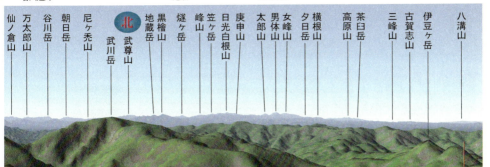

谷川連峰：仙ノ倉山、万太郎山、谷川岳、朝日岳、尼ヶ禿山
北：武尊山、武川岳
地蔵岳、黒檜山、燧ヶ岳、峰山、笠ヶ岳、尾瀬：日光白根山、庚申山
太郎山、男体山、女峰山、日光の山：夕日岳、横根山、高原山、茶臼岳、三峰山、古賀志山、伊豆ヶ岳、八溝山

魅惑のパノラマ大展望

蕨山の標識がある展望台から見た北西から北東にかけての展望。展望台には展望盤があるのでそれと比較してみよう。北に武甲山と大持、小持山から武川岳に続く尾根が美しい。さらに図にはないが、東京方面が開けて南には棒ノ折山から奥多摩の山々が望まれる。

山や日光連山まで望むことができる。奥多摩方面の眺めは一部だが、木々の間から特徴的な形の大岳山を確認できる。展望台には数本のヤマザクラがあり、4月下旬ごろの花期は色を添える。しばらくは展望を楽しみながら、ゆっくりと休憩しよう。

蕨山❷〜さわらびの湯入口バス停❺

蕨山からは金比羅尾根を下ってさわらびの湯へ向かう。適度にアップダウンもあって、展望も楽しめるところのある尾根だ。

下り始めは幅広い尾根の急坂を下っていくが、しばらくして緩やかになる。軽く登り返すと樹林に囲まれたベンチのある藤棚山につき、尾根の南側を巻くように下っていく。南側の展望が開け、奥多摩側の景観がすばらしいところだ。さらに下ってから登り返すと標識の立つ**大ヨケノ頭**❸につく。ここからはほんの少しの下りでいったん林道を横切り、樹林帯に入って小ヨケノ頭に登り返す。このあたり、初夏はツツジが美しい。

金比羅山は南側を巻く。尾根通しに歩くこともできるが、金比羅山山頂からの下りがやや急だ。ぽっかりと樹林の開いた**金比羅神社**❹奥ノ院（平成12年焼失）の境内に入り、分岐を名栗湖のほうへ下る。

ときおり右手に名栗湖を見ながら尾根を下り、金比羅山本殿の鳥居につけば下山口は近い。樹林帯から抜けると最後は龍泉寺の墓地脇に出る。

下山口の**さわらびの湯バス停**❺から歩いて数分のところに温泉があるので、ここはぜひゆっくりと湯につかって汗を流してから帰ろう。

（西田）

金比羅神社奥ノ院

温泉情報 さわらびの湯

地元名栗特産の西川材をログハウス風の館内、浴場にふんだんに使用し、さわやかな木の香りがいっぱいに広がるのがこの温泉の特徴。休日は棒ノ折の登山者と合わせて大勢の人で賑わう。

入浴料800円（3時間）／10時〜18時／水曜休（祝日を除く）／駐車場150台／☎042・979・1212

登山者に人気の高い日帰り入浴施設のさわらびの湯

東京都・埼玉県

24 東京と埼玉の境にそびえる展望の頂

一般向き

標高	969m
歩行時間	4時間20分
最大標高差	750m
体力度	★★☆
技術度	★☆☆

棒ノ折山
（ぼうのおれやま）

1/2.5万地形図	原市場

登山適期とコースの魅力

中腹から山頂にかけての広葉樹林は新緑、紅葉が美しい。白谷沢沿いのルートは、冬は沢や岩場が凍結するので初心者は避けたほうがよい。

● 雑木林の紅葉
白谷沢ルート沿いの広葉樹林は、秋はコナラやカエデ、ツツジなどの紅葉が美しい。11月上旬から下旬にかけて楽しめる。

● ジュウガツザクラ
さわらびの湯へ向かう道沿いにはジュウガツザクラが植えられている。春に咲くサクラより小さく楚々とした花姿だ。

アクセス

電車で

池袋駅 → 西武池袋線急行 50分 470円 → 飯能駅 → 国際興業バス 41分 620円 → さわらびの湯バス停

飯能駅へは特急レッドアロー号を利用してもよい。約40分で到着する。JR高田馬場駅から西武新宿線を利用する場合は、所沢乗り換えで約50分。

クルマで

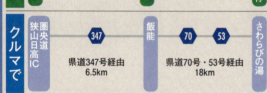

圏央道狭山日高IC → 347 県道347号経由 6.5km → 飯能 → 70 53 県道70号・53号経由 18km → さわらびの湯

さわらびの湯バス停周辺には150台収容の無料駐車場がある。

コースタイム

❶さわらびの湯バス停 —1km 25分/20分— ❷白谷沢登山口 —1km 1時間20分/1時間— ❸岩茸石 —1km 25分/15分— ❹権次入峠 —1km 20分/10分— ❺棒ノ折山 —1km 25分/45分— ❸岩茸石 —1km 1時間25分/1時間50分— ❻さわらびの湯

ロックフィルダムの名栗湖

 水場チェック
白谷沢沿いに沢水がある。

 トイレチェック
さわらびの湯バス停にある。コース中にはトイレなし。

●問合せ先
飯能市役所 ☎042・973・2111
http://www.city.hanno.saitama.jp/
国際興業バス飯能営業所 ☎042・973・1161
5931bus.com/

関連情報●さわらびの湯（P.107参照）とさわらびの湯バス停は、徒歩で5分ほど離れている。入浴していく場合は、バスに乗り遅れないように注意が必要だ。

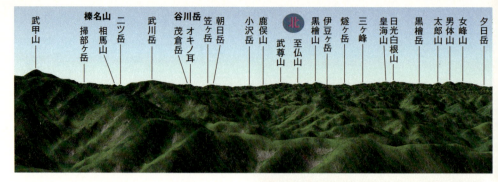

奥多摩と奥武蔵の境にそびえる棒ノ折山。山頂からの展望のよさ、豊富なルートで人気が高い山だ。沢歩き気分が楽しめて変化に富む白谷沢ルートを登って山頂を目指す。下山は滝ノ平尾根から名栗湖畔に湧く温泉へ。

 さわらびの湯バス停❶ 〜岩茸石❸

ちょっとした冒険気分が味わえる白谷沢ルート

さわらびの湯バス停❶から、舗装道路を緩やかに登っていくと、岩を積み上げて造られた有間ダムが見えてくる。登り切ると青々とした水をたたえた名栗湖のほとりにつく。堰堤を渡り、湖畔に沿って舗装道路を進む。春先には湖沿いのサクラも美しい。

湖を右手に見ながら進んでいくと、白谷沢登山口❷につく。道標の脇に小さな水場がある。登り始めからやや急な斜面が続く。ところどころ岩が露出しているところもあり、注意が必要だ。登山道の左手には白谷沢が流れ、水音が心地よい。藤懸の滝や天狗の滝など、いくつかの滝を眺めながら進んでいくうちに、登山道は沢近くを通るようになる。飛び石で沢を渡るところも何ヶ所かあり、足元には十分注意して。大きな岩が門のようにそびえる間を通り、石段状になった急斜面を登っていくうちに斜面が緩やかになる。

一度林道を横切り、沢と離れて広葉樹の急斜面に取り付く。一気に登り、尾根を巻くように進んでいく。急な木の階段を登り詰めると、滝ノ平尾根との合流点となり、岩茸石❸

温泉情報　名栗温泉 大松閣

800年前に発見されたといわれる名栗温泉を引く、100年の歴史を持つ山間の温泉宿。名栗の木々を使った温かみのある館内でくつろぐことができる。日帰り入浴もでき、露天風呂つきの展望大浴場は、開放的な露天風呂から眺める山々の眺めがすばらしい。明るいガラス張りの内湯は、広々とした湯船で快適。ややぬるめの湯で山の疲れを癒すことができる。食事と入浴付きの日帰りプランもあり、下山後に夕食プラン利用でゆっくりしていくのもおすすめ。

入浴料1500円／11時〜20時／☎042・979・0505／駐車場50台／名栗川橋バス停から徒歩5分

山深い中に建つ温泉宿

横根山 / 日留賀岳 / 釈迦ヶ岳 / 鶏頂山 / 那須茶臼岳 / 羽黒山 / 八溝山 / 高峯 / 加波山 / 筑波山

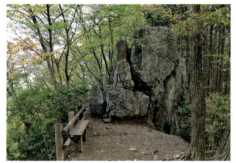

岩茸石は裏側から登ることができる

が立っている。

岩茸石❸〜棒ノ折山❺

木の根が出ている斜面を登っていく。最後にえぐれて歩きづらい丸太の階段を登り切ると、広場状になった権次入峠(ごんじりとうげ)❹につく。木々の間から小さく名栗湖が眺められる。

権次入峠から山頂までは20分ほどの道のり。はじめは緩やかな樹林の中の道だが、徐々に傾斜がきつくなる。斜面を登り切ると、広々とした棒ノ折山❺の山頂に到着。ゆっくり休んで眺望を楽しんでいきたい。

魅惑のパノラマ大展望

棒ノ折山山頂から見た北側の展望。武甲山や大持山、武川岳や伊豆ヶ岳など奥武蔵の山々が手前に連なる。奥には赤城山、榛名山など上州の山々や、日光の山々が眺められる。山頂には山名表示板があり、山座同定がしやすい。南側は木々に囲まれて展望がない。

棒ノ折山❺〜さわらびの湯❻

下山は岩茸石まで来た道を戻り、石の脇を通って滝ノ平尾根に入る。やや細い尾根を下っていくと、薄暗い針葉樹林になる。傾斜がかなり急で、滑りやすいところもあるので、最後まで気が抜けない。傾斜が緩むとほどなく、眼下に民家が見えてくる。舗装道路に出たら、左に登る道をたどると、数分でさわらびの湯❻（P.107参照）に到着する。（西野）

広々とした棒ノ折山山頂

山頂からは大持山（左）と武甲山が間近に眺められる

埼玉県

25 スリルのある岩尾根と展望を楽しむ

健脚向き

標高	1052m(武川岳)
歩行時間	6時間
最大標高差	746m
体力度	★★★
技術度	★★☆
1/2.5万地形図	正丸峠、原市場

武川岳（たけかわだけ）から二子山（ふたごやま）

登山適期とコースの魅力

カタクリをはじめ野の花が咲く春先から、木々の芽吹きが鮮やかな新緑、ヤマツツジが彩る初夏にかけて、花と緑の季節が美しい。

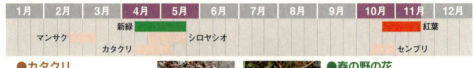

●カタクリ

武川岳周辺、明るい広葉樹林の林床に、だんだら模様の大きな葉とピンクの花がよく目立つ。見頃は4月中旬頃。

●春の野の花

二子山周辺から芦ヶ久保駅にかけて、明るい樹林の下は、春先にはアズマイチゲやフタリシズカなどさまざまな花が見られる。

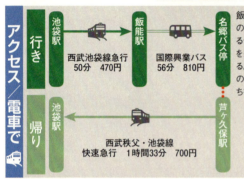

アクセス／電車で

行き：池袋駅→西武池袋線急行 50分 470円→飯能駅→国際興業バス 56分 810円→名郷バス停

帰り：芦ヶ久保駅→西武秩父・池袋線 快速急行 1時間33分 700円→池袋駅

飯能駅から名郷へのバスは、直行する便とさわらびの湯を経由する便がある。縦走コースなので、なるべく早発ちを心がけたい。

アクセス／クルマで

圏央道狭山日高IC→県道347号経由 6.5km→飯能→県道70号・53号経由 24km→名郷

名郷バス停に数台が置ける有料駐車場（700円）があるが、車の回収に長時間電車やバスを乗り継ぐことになるので、公共交通機関利用が無難。

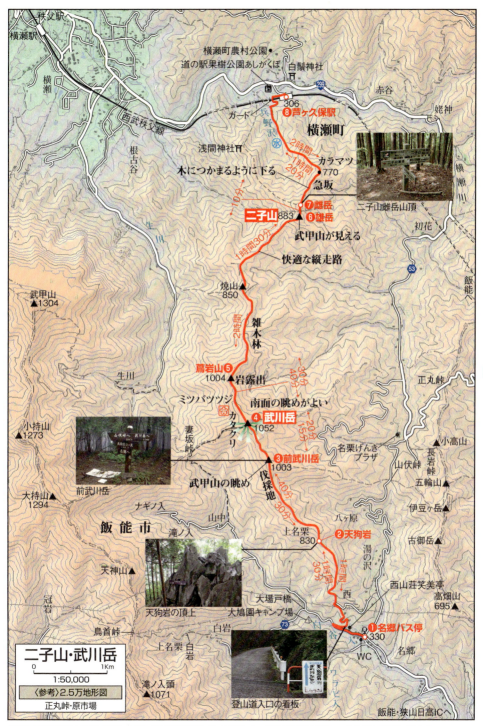

どっしりと大きな山容の武川岳は、伊豆ヶ岳と武甲山の中間に位置する山。ふたつのピークを持つ二子山との縦走路は、たおやかな奥武蔵の山らしからぬ険しい岩場やヤセ尾根が現れる、経験者向けのロングルートだ。各ピークからの展望、林床の花々も魅力のひとつ。

手足を使って天狗岩をよじ登る

 名郷バス停❶〜武川岳❹

名郷バス停❶からスタート。橋を渡り、舗装道路をしばらく進むと、右に民宿西山荘笑美亭の建物が現れるので右へ。民宿の脇に伸びるコンクリートの舗装道路を登っていく。舗装道路が終了したら、民家の脇についたコンクリートの階段を登って再び車道に出る。木々に覆われて分かりにくいが、「武川岳」の道標がある。

さらに車道を進み、「武川岳・天狗岩方面」の小さな道標を目印に、石の階段を登って

山道に取り付く。薄暗い杉の植林帯の中を登り、いったん車道を横切ると道が傾斜を増す。段差が大きく、木の根が出ているところも多くなる。採掘場が前方に見えてくるとほどなく、尾根に乗り、急な尾根を登っていくと**天狗岩❷**の基部に着く。積み重なったような大岩をよじ登り、岩の頂上につく。

天狗岩からは緩やかな登り道が続き、最後にやや急な登りを詰めると**前武川岳❸**の山頂に到着する。展望はきかないが、ベンチがあるのでひと息ついていくとよい。武川岳へは少し下って登り返す。ややザレて急な斜面を登り切ればすぐに**武川岳❹**の山頂だ。

木の根の露出した尾根道を進む

武川岳❹〜二子山雄岳❻

木々に囲まれた武川岳の山頂は、南側の眺望が開けていて蕨山が間近に眺められる。広い山頂でゆっくりくつろいでいくとよいだろう。山頂周辺の林床には、春先にはカタクリの花も見られる。ちなみに武川岳の名前の由

武川岳の山頂は南側が開けている

 水場チェック
二子山から芦ヶ久保駅に向かう兵野沢に水場がある。

 トイレチェック
名郷バス停にトイレがある。コース中にはない。

●問合せ先
横瀬町観光協会 ☎0494・25・0450
http://www.yokoze.org
飯能市役所 ☎042・973・2111
http://www.city.hanno.saitama.jp
国際興業バス飯能営業所 ☎042・973・1161
5931bus.com/

来だが、昔は「フーキ平（ホーキ平）」と呼ばれていたが、昭和初期に、武甲山の「武」と、生川の「川」を取って「武川岳」と呼ばれるようになったといわれる。

　武川岳からは焼山、二子山方面を目指す。アップダウンを繰り返しながら少しずつ標高を下げていくが、岩が露出しているところや、かなり急な下り道もあり、なかなか気が抜けない。岩が露出している蔦岩山❺を過ぎ、滑りそうな急な下りから露岩を登り返すと焼山に到着。すばらしい展望の頂からは、武甲山が間近に三角形の山容を見せてくれる。これから向かう二子山への稜線も眺められる。

岩が露出した蔦岩山の山頂

　焼山からの下り始めは段差が大きくザレた箇所もあり、かなり注意が必要。下り切れば快適な縦走路となる。最後にひと登りで二子山雄岳❻の山頂に。山頂自体は木々に囲まれて眺望がきかないが、少し手前（武川岳寄り）に展望地があり、武甲山や奥秩父の山々が眺められる。

二子山雄岳❻〜芦ヶ久保駅❽

　二子山雄岳から雌岳❼へは、岩の続く尾根を歩いて10分ほどの道のり。雌岳の山頂も木々に囲まれて眺望はない。

　雌岳から少し進むと、沢沿いの道と、富士

明るい樹林のなか、芦ヶ久保駅へ下る

二子山雄岳の展望地から武甲山を眺める

浅間神社を経由する尾根沿いの道に分かれる。沢沿いの道は下り始めが急で、滑り止めのロープを伝いながら下っていく。ほどなく傾斜は緩み、沢のせせらぎを耳にしながらの下り道となる。何度か沢を渡るが、少し足場の悪いところもあるので注意が必要。途中に水場もある。西武線をトンネルでくぐれば、ゴールの芦ヶ久保駅❽はもうすぐだ。　　　（西野）

立ち寄りスポット　道の駅 果樹公園あしがくぼ

直売所や食堂など併設された道の駅。秩父名物豚みそ丼などの郷土料理も味わえる

国道299号沿い、西武秩父線芦ヶ久保駅に隣接して建つ道の駅。しゃくし菜など地元の特産品や新鮮な野菜を販売する直売所や、地元食材を使った料理が味わえる食事どころがある。秩父地方の郷土料理である、ずりあげうどんが味わえる専門店もあり、手打ちでこしのあるうどんはぜひ味わいたい逸品だ。シャワー設備もあり、ハイキングの後に汗を流すこともできる（有料）。
8時30分〜18時（12〜2月は9時〜17時）／年末年始休／駐車場50台／☎0494・21・0299

埼玉県

26 美しい自然林と展望の周回ルート

健脚向き

標高	1294m
歩行時間	6時間55分
最大標高差	965m
体力度	★★★
技術度	★★☆

1/2.5万地形図：秩父、武蔵日原、正丸峠、原市場

大持山（おおもちやま）・小持山（こもちやま）

登山適期とコースの魅力

妻坂峠から大持山までの道のりではブナが美しく、新緑と紅葉の時期が特によい。展望もすばらしく、登り甲斐もある好コースだ。

1月	2月	3月	4月	5月	6月	7月	8月	9月	10月	11月	12月
			新緑								
		カタクリ									
			アカヤシオ								
					ヤマボウシ						
				シャガ							
									紅葉		

●大持山からの展望

妻坂峠から稜線に登り切った大持山の肩は展望が開けており、南側が見渡せる。大持山と小持山中間の雨乞岩もおすすめ。

●ブナが美しい登山道

妻坂峠から稜線までと、ウノタワ付近はブナ林が美しく、なかなか立派な木も多い。新緑や紅葉の時期の山歩きが楽しい

アクセス

電車で：池袋駅 →[西武池袋線急行 50分 470円]→ 飯能駅 →[国際興業バス 56分 810円]→ 名郷バス停

飯能駅から名郷へのバスは、湯の沢行きと名郷行きのふたつがある。平日は7時台1本、8時台1本。土曜・休日は7時台2本、8時台3本（2015年10月現在）。

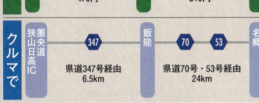

クルマで：圏央道狭山日高IC →[347 県道347号経由 6.5km]→ 飯能 →[70・53 県道70号・53号経由 24km]→ 名郷

名郷バス停から進んだ大鳩園キャンプ場の有料駐車場を利用する。休日は1日1000円、平日は700円。また、名郷バス停にも有料駐車場がある。

コースタイム

名郷バス停 →(1.0km 20分/20分)→ ❶大場戸橋 →(3.2km 1時間10分/45分)→ ❷妻坂峠 →(2.3km 1時間30分/1時間)→ ❸大持山 →(0.9km 40分/40分)→ ❹小持山 →(0.9km 40分/40分)→ ❺大持山 →(2.6km 1時間20分/1時間30分)→ ❻鳥首峠 →(4.3km 1時間15分/1時間50分)→ ❶名郷バス停

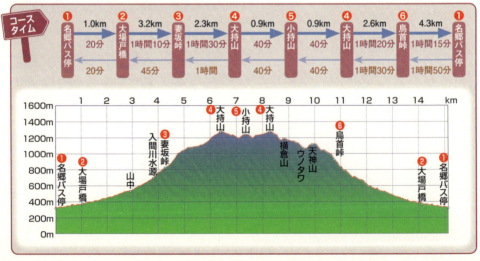

立ち寄りスポット　雨乞岩

大持山山頂から小持山に向かって進むと、左手西側に切り立った露岩の展望ポイントがある。雨乞岩と呼ばれる場所で、奥多摩、奥秩父の展望がすばらしい。ただし、切り立った崖なので、ここで休憩するには早い者勝ちになる。

雨乞岩からの展望

水場チェック
入間川起点の碑付近のパイプから出る水場のみ。名郷バス停近くの自動販売機を利用するのもよい。

トイレチェック
名郷バス停のトイレのみ。出発前に利用しよう。

● 問合せ先
飯能市観光協会
☎042・980・5051
http://hanno-tourism.com
国際興業バス飯能営業所　☎042・973・1161
http://www.kokusaikogyo.co.jp/

大持山・小持山　奥武蔵

関連情報 ● このコースは、武甲山（P.120参照）と組み合わせ、小持山〜大持山〜妻坂峠〜名郷と歩くのもよい。

武甲山側から見た大持山と小持山

奥武蔵を代表する山・武甲山から南に延びる稜線に目立って波打つ二つのピークがあり、この山が大持山、小持山である。入間川上流の名郷から妻坂峠に上がり、展望が楽しめる大持山、小持山に登って、カタクリ咲く鳥首峠を巡って再び名郷へと戻る周回コースを紹介しよう。標高差、距離ともにあるので健脚者向けのコースとなる。

名郷バス停❶〜妻坂峠❸

名郷バス停❶から西へ、湯の沢へ向かう県道53号と道を分け、県道73号を進む。入間川沿いにしばらく歩き、**大場戸橋❷**手前の分岐を右折する。周回コースなので、下山は左の道からこの橋を渡ってくることになる。

舗装された道を緩やかに登り、入間川起点の碑を過ぎると車道の終点は近い。入間川起点の碑の近くにはパイプが数本取り付けられた水場があるので、用意していない場合は汲んでおきたい。山中の名水とよばれ、おいしい水として知られている。

登山道に入り、杉の植林帯から雑木林に変わるとジグザグの登りで**妻坂峠❸**へ向かう。武川岳と大持山の鞍部にあたり、道標と小さな石地蔵が置かれている。北は武川岳登山口、横瀬へ向かう道である。静かな峠で少し休憩をとっておこう。

妻坂峠❸〜小持山❺

妻坂峠から急坂で大持山を目指す。なかなか厳しい登りが続くが、周りにはブナが目立ちはじめ、

名栗と横瀬を結ぶ妻坂峠

さわやかな樹林歩きで気持ちは楽になってくる。尾根の勾配はいったん緩むが、稜線に向かってもう一度急登となる。登り切った稜線が大持山の肩で、ここで一気に展望が広がる。南東の展望が特によく、武川岳から**伊豆ヶ岳**、蕨山などの奥武蔵の山から、奥には棒ノ折も見える。ゆっくりと休憩したいところだが、まずは大持山を目指そう。ひと呼吸置いたら北に道を取る。

肩から**大持山❹**山頂はひと歩きだ。山頂は西側の樹林が開け、奥多摩方面が眺められる。大持山から一度下り、少し進むと左手に展望スポットの雨乞岩があるので立ち寄っておくとよいだろう。雨乞岩を過ぎると岩がちの道となり、いくつかピークを登り下りして進ん

妻坂峠からの登山道

奥多摩方面が開けた大持山山頂

小持山からは武甲山の眺めがよい

広い窪地のウノタワ

でいく。稜線は細いところもあるので焦らずに歩こう。最後に登り返して 小持山❺ 山頂に到着する。せまい山頂だが北側の展望がよく、縦走路の先の武甲山の眺めがよい。小持山からは気をつけて来た道を大持山へと戻る。

大持山❹～名郷バス停❶

大持山の肩まで戻り、しっかりと休憩をとったら今度は鳥首峠を目指す。一度下って登り返したピークが1197mの横倉山で、ここからウノタワへ下るまでにいくつか展望のよい場所がある。このあたりからは登山者も少なく、静かな山歩きが楽しめるだろう。

横倉山の先で急坂を下り、登山道の左手に大きな窪みが広がる鞍部に出る。この窪地はウノタワとよばれ、かつては水をたたえた沼だったという伝説がある。独特の雰囲気がある場所で、初夏のツツジが咲くころはひときわ美しい。

鳥首峠を経て名郷へ

登り返して岩の脇を登ったところが天神山、その先で送電線をくぐり、杉林の中を下っていくと小さな祠のある 鳥首峠❻ に出る。古くは名郷と秩父の浦山を結ぶ重要な峠だったところで、4月にはカタクリの花が咲く。

直進する登山道は有間山稜、西に下れば浦山、名郷へは東の薄暗い杉の植林帯を下っていく。急な下りで始まり、ジグザグ道となっての勾配が緩むと、見上げる大岩の下にかつての白岩集落の廃屋が現れ、石灰石採掘工場の脇を通って車道に下りる。

ここからは沢沿いの道路を名郷に向かって下り、入山時に分かれた大場戸橋に出る。そのまま来た道を 名郷バス停❶ へ向かって下っていく。

帰りのバスの本数は1時間に1本程度。時間は事前に調べておきたい。時間をうまく合わせられればさわらびの湯で下車、温泉でひと汗流すのもよいだろう。　　　　　(西田)

展望スポット　大持山の肩

妻坂峠から尾根を登り、大持山の稜線に上がった分岐が大持山の肩になる。南側の樹林が開けていて、東京方面の展望が広がる。周囲はそこそこ広いので、休憩ポイントとしてもおすすめだ。武甲山から縦走してきた人が大持山で休憩した後、ほんの少し歩いてこの肩に出てきたときに、ここで休憩すればよかった、と思わず声に出して言ってしまう場所である。

休憩にもおすすめの大持山の肩

埼玉県

27 ピラミダルな山容が美しい奥武蔵の名山

健脚向き

標高	1304m
歩行時間	6時間50分
最大標高差	1045m
体力度	★★★
技術度	★☆☆

1/2.5万地形図	秩父

武甲山
(ぶこうさん)

登山適期とコースの魅力

山頂からの景色を楽しむなら、空気の澄んだ秋がよい。カラマツの黄葉も見どころだ。冬は積雪・凍結があるので経験者向け。

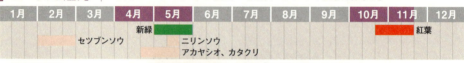

●カタクリ

武甲山の山頂直下、神社前の広場周辺は、春先にはカタクリの群落が見られる。まさに"春の妖精"と表現したくなる美しさ。

●カラマツ

山頂から長者屋敷の頭方面に向かう稜線沿いはカラマツの樹林。晩秋、風に吹かれて散るカラマツの葉は光のシャワーのよう。

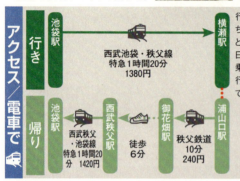

アクセス／電車で

行き：池袋駅 → 西武池袋・秩父線 特急1時間20分 1380円 → 横瀬駅

帰り：池袋駅 ← 西武秩父・池袋線 特急1時間20分 1420円 ← 西武秩父駅 ← 徒歩6分 ← 御花畑駅 ← 秩父鉄道10分 240円 ← 浦山口駅

行き帰りともに特急ちちぶ号を利用するとよい。土曜・休日には秩父鉄道に乗り入れる快速急行も運行されるので、それも便利だ。

アクセス／クルマで

花園IC → 関越自動車道 → 140 国道140号経由 25km → 秩父市上野町交差点 → 299 国道299号経由 8.8km → 生川

生川の一の鳥居付近に30台分程度の駐車スペースがあるが、シーズンにはすぐ一杯になるので早めの到着を心がけたい。

コースタイム

❶横瀬駅 —6.6km 2時間／1時間50分→ ❷生川 —2.6km 1時間20分／1時間→ ❸大杉の広場 —1.0km 1時間／45分→ ❹武甲山 —1.7km 40分／1時間→ ❺長者屋敷ノ頭 —1.0km 50分／1時間20分→ ❻橋立川 —2.4km 50分／1時間→ ❼橋立堂 —0.6km 10分／10分→ ❽浦山口駅

関連情報●横瀬駅からタクシーを利用して、一の鳥居まで入ることができる。所要時間は30分程度なので、歩行時間を大幅に短縮可能。料金は約2000円。

奥武蔵を代表する名山・武甲山。古くから信仰の山として知られ、秩父、奥武蔵のあちこちから眺められるピラミダルな山容は、奥武蔵のシンボルといっても過言ではない。現在も石灰岩の採掘が進む山ではあるが、登山道は南側斜面で、心地よい樹林歩きが楽しめる。

山麓から仰ぎ見る武甲山

コースガイド 横瀬駅❶～大杉の広場❸

　横瀬駅❶から、まずは線路沿いに進み、道標に従って右にカーブして武甲山へ向かう。道沿いにはセメント工場が点在し、トラックなどの往来が激しく、ほこりっぽい。舗装が切れるとほどなく、延命水に到着するので、水を汲んでいくといいだろう。ここまで水を汲みにくる人も多いという。

谷川連峰　　　　尾瀬

四阿山／金洞山／相馬岳／浅間隠山／本白根山／横手山／赤石山／岩菅山／城峰山／八間山／白砂山／掃部ヶ岳／榛名富士／破風山／仙ノ倉山／万太郎山／谷川岳／子持山／巻機山／北 中ノ岳・宝登山／武尊山／至仏山／地蔵岳／黒檜山／燧ヶ岳／三ヶ峰／笠ヶ岳

　延命水からさらに砂利道を進むと**生川❷**。一の鳥居と、痩せた狛犬が出迎えてくれる。ここから山頂に向かう登山道は、武甲山の表参道。道沿いに丁目石が点々と立っているのが、登っていく励みになる。

　マス釣場を過ぎ、ほどなく本格的な登山道が始まる。杉木立の中、歩きやすい登山道が

文字通り大きな杉が目印の大杉の広場

続く。50分ほど進むと、右手から不動滝が流れ落ちている。ここで18丁目。清らかな流れに心が洗われるようだ。さらに進むと、武甲山御嶽神社の石碑がある。

　心地よい杉の樹林を進み、**大杉の広場❸**に到着。広場の真ん中で、大きな杉が枝を広げている。「ここまできたね、あと60分」の看板が嬉しい。ここからもまだ急な登りが続くので、ゆっくり休憩していこう。

大杉の広場❸〜武甲山❹

　登山道に白い石が目立つようになると少しずつ傾斜が緩み、ほどなく山頂下の分岐に出る。山頂へ向かう道と、浦山口や大持山への縦走路との交差点だ。広場になっていて、きれいなトイレもある。

　分岐からすぐ、五十二丁目の丁目石があり、御嶽神社の鳥居をくぐる。風格のある木造の社殿でお参りをしたら、社殿の左につけられた道から**武甲山❹**の山頂を目指す。数分の登

水場チェック
　生川手前の延命水、18丁目、下山中には長者屋敷ノ頭にある。18丁目は登り最後の水場。延命水は豊富に流れる小沢で、水を汲みにくる人も多い名水。
トイレチェック
山頂直下、橋立鍾乳洞にある。山頂直下のトイレはログハウス風のバイオ水洗トイレで清潔。
●問合せ先
横瀬町観光協会　☎0494・25・0450
http://www.yokoze.org
秩父市役所　☎0494・22・2211
http://www.city.chichibu.lg.jp/
秩父鉄道　☎048・523・3313
http://www.chichibu-railway.co.jp/
秩父丸通タクシー　☎0494・22・3633

御嶽神社の社殿は52丁目にある

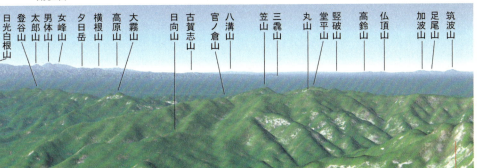

日光の山　日光白根山　登谷山　太郎山　男体山　女峰山　夕日岳　横根山　高原山　大霧山　古賀志山　官ノ倉山　八溝山　笠山　三毳山　丸山　堅破山　堂平山　高鈴山　仏頂山　加波山　足尾山　筑波山

魅惑のパノラマ大展望

武甲山第一展望台から、北西〜北北東方面の眺め。秩父盆地を眼下に見下ろし、目の前には上州の山々や、日光白根山や男体山などの日光連山、谷川連峰まで見渡せる。東には筑波山の双耳峰も小さく眺められる。

第一展望台からは北側の眺めがすばらしい

りで、第一展望台へ到着する。

　目の前には、さえぎるもののない展望が広がっている。眼下には秩父市街が広がり、その向こうには赤城山や榛名山など上州の山々、天気に恵まれれば谷川岳も眺められる。左手には鋸の歯のような山容の両神山がそびえている。展望表示盤があるので、見えている山を確認するのが楽しい。すぐ下に石灰岩の採掘現場が広がるのも、この山ならではだ。

武甲山❹〜浦山口駅❽

　武甲山からは長者屋敷尾根を進み、浦山口駅へ向かう。山頂下の分岐まで戻り、道標に従って浦山口方面へ進む。カラマツの樹林が続き、樹林の間から奥多摩の山々が眺められる。下り始めが少し急なので、慎重に進みたいところだ。

　ジグザグと斜面を下っていき、**長者屋敷ノ頭❺**へ。カラマツの林が雑木林に変わっていく。道沿いはヤマザクラもあり、春先にはち

ょっとしたサクラのトンネルになるのも魅力だ。樹林がうっそうとした杉や檜の植林帯になり、傾斜がかなり急な下り坂がジグザグと続く。沢音が響き始め、下り切ったところが**橋立川❻**だ。ここからは川沿いの道を進む。きれいな滝がかかっているのが見えたりして、最後まで飽きさせない。途中から舗装道路になり茶店が現れると、橋立鍾乳洞のある**橋立堂❼**はもうすぐ。橋立堂から**浦山口駅❽**までは10分ほどの道のりだ。

（西野）

立ち寄りスポット　橋立堂と橋立鍾乳洞

岩を背に立つ橋立堂

橋立川沿いに建つ橋立堂は、秩父札所28番。高くそびえる岩壁を背に立つ観音堂が目を引く。橋立鍾乳洞があり、かつては胎内くぐりとして巡礼達がくぐっていたもの。現在も入場することができる。

入洞料200円／8時〜17時／12月中旬〜2月休／☎0494・24・5399

埼玉県

28 武甲山を望む花の縦走路を歩く

一般向き

標高	399m
歩行時間	3時間15分
最大標高差	165m
体力度	★★☆
技術度	★☆☆
1/2.5万地形図	秩父

琴平丘陵
ことひらきゅうりょう

登山適期とコースの魅力

なんといっても春。シバザクラで有名な羊山公園は、時期を同じくして咲く桜の名所でもある。登山道を彩る野の花も楽しみ。

1月	2月	3月	4月	5月	6月	7月	8月	9月	10月	11月	12月
		新緑								紅葉	
		カタクリ									
		サクラ、シバザクラ		アジサイ、ハナショウブ							

●羊山公園のシバザクラ

羊山公園は関東屈指のシバザクラの名所。武甲山を背景に、ピンクや白の花がパッチワークのように斜面を埋め尽くす。

●大渕寺

山の斜面に建てられた、秩父札所27番の大渕寺。境内にはカタクリの群生地がある。また、本堂の裏手にはアジサイの群落も。

アクセス／電車で

行き：池袋駅 → 影森駅
西武池袋線・秩父線・秩父鉄道
快速急行1時間55分 950円

帰り：西武秩父駅 → 池袋駅
西武秩父・池袋線
特急1時間20分 1420円

行きは三峰口行きの直通快速急行を利用すると乗り換えなしで影森駅に到着する。ただし本数が少ないので、西武秩父駅で下車した場合は、徒歩6分の秩父鉄道御花畑駅から影森駅に向かう。

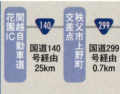

アクセス／クルマで

関越自動車道 花園IC → 国道140号経由 25km → 秩父市上野町交差点 → 国道299号経由 0.7km → 羊山公園

クルマの場合は羊山公園の駐車場に停めて散策することになる。シバザクラのシーズンには朝からすぐに満車になるので、早めに到着したい。

コースタイム

❶影森駅 →1.1km 25分→ ❷大渕寺 →0.3km 10分→ ❸護国観音 →0.6km 25分→ ❹岩井堂 →0.4km 20分→ ❺長者屋敷跡 →1.2km 40分→ ❻武甲山登山口碑 →1.8km 1時間→ ❼羊山公園(牧水の滝) →0.8km 15分→ ❽西武秩父駅

(復路): 25分／10分／20分／35分／1時間／55分／15分

関連情報●羊山公園では、例年シバザクラの見頃である4月中旬〜ゴールデンウィークの期間に芝桜まつりを開催。秩父の特産品の販売や、ガイドウォーク、ハイキングイベントなどを行っている。

秩父札所27番の大渕寺

● 水場チェック
大渕寺境内と羊山公園にある。

トイレチェック
下山した羊山公園にあるが、行きはないので出発前に駅のトイレを利用した方がよい。

● 問合せ先
秩父市役所 ☎0494・22・2211
http://www.city.chichibu.lg.jp
秩父観光協会（秩父支部）☎0494・21・2277
http://www.chichibuji.gr.jp/
西武鉄道お客さまセンター
☎04・2996・2888
http://www.seibu-group.co.jp/railways/

秩父の町の南側に連なるなだらかな丘陵を歩く。途中には崖の上に建つ岩井堂や、大岩の上の修験堂など、非常に珍しい建物もある。道中のところどころから武甲山が眺められ、フィナーレとなる羊山公園では、その大きく雄々しい山に出迎えられて感動する。

コースガイド 影森駅❶〜護国観音❸

影森駅❶を出たら左へ進む。少し進むと「二十七番　二十八番札所」の看板があるので左折。秩父鉄道の踏切を渡ると、突き当たりが秩父札所27番の大渕寺❷だ。しっとりとした雰囲気の門をくぐると、庭には観音山延

初夏には山道をアジサイが彩る

命水が湧いている。また、境内の一角にカタクリ群生地があり、春先に可憐なピンク色の花を咲かせている。美しい姿の観音堂にお参りしたら、お堂の右手から登山道に入ろう。

護国観音

初夏には斜面のアジサイも見どころだ。
山道をひと登りで、護国観音❸にたどりつく。高さ15mの観音像で、昭和11（1936）年に造られたもの。戦争が間近に迫る時代を反映し、本来は蓮華を持つはずの左手に剣を持っているのが特徴的だ。秩父市街の眺めのよいところで、ベンチもあるのでひと息ついていくといいだろう。

温泉情報 秩父湯元武甲温泉

武甲山の山麓に建つ、温泉の日帰り入浴施設。内風呂はジェットバス付きの浴槽やサウナがあり、木々に囲まれた露天風呂も心地よい。入浴後は広々とした広間の休憩スペースが無料で利用できる。
入浴料700円（土曜・休日および指定日は800円）／10時〜22時／無休／☎0494・25・5151／駐車場30台／横瀬駅から徒歩10分、西武秩父駅からタクシーで約6分

岩風呂の露天風呂

護国観音❸〜長者屋敷跡❺

護国観音からは尾根筋を進むが、岩の出て

岩壁に張り付くように建つ岩井堂

羊山公園はシバザクラで有名

いるところもあり、なかなか気が抜けない。最後に石段をひと登りで、崖の上に張り付くように建っている岩井堂❹に到着する。ここは札所26番円融寺の奥の院。三方に欄干を巡らせた朱塗りの堂は、うっそうとした樹林の中で目を引く。お堂の脇を登って欄干に立ってみれば、まるで緑に囲まれ宙に浮いているような錯覚に陥る。

　お堂の裏側から岩を登り、再び登山道に戻る。仏国禅師の座禅石や、金銅仏を見ながら進むとほどなく、木造の修験堂がある。この地で修行をした修験者たちに思いを馳せたい。

　樹林帯を緩やかに登っていくと、あずまやのある広場、長者屋敷跡❺に出る。コース内で見られる植物や動物についての解説板が立てられているので、見ていくといいだろう。木々の間からは武甲山の姿も眺められる。

長者屋敷跡❺〜西武秩父駅❽

　長者屋敷跡からはやや下って登り返していき、三角点がある398mピークにたどりつく。木々に囲まれ見晴らしはきかない。ここからは急な下りをジグザグと下っていく。下りが緩やかになってくると沢が現れ、沢沿いの道を進む。武甲山登山口の古い石碑❻が草に埋もれるように立っている。

　ここからいったん林道を進み、またすぐに「琴平ハイキングコース」の道標から山道に。登り切ってしばらく進むと、武甲山が大きな

姿を現し、羊山公園❼の敷地に入る。羊が放牧されているふれあい広場を右手に見ながら進む。ほどなく車道に出てからは「武甲山資料館」の道標に従って進む。十字路を左に進めば牧水の滝へ。一帯が和風の庭園に整備されていて、ひと息つくのによい。

　ここからは市街地を進み、西武秩父駅❽までは15分ほどの道のりだ。体力と時間に余裕があれば、十字路を直進し、見晴らしの丘まで足を伸ばそう。小高い丘の上からは、秩父市街や両神山などが一望に見渡せる。（西野）

立ち寄りスポット　羊山公園

秩父市と横瀬町にまたがる、約30ヘクタールの広大な公園。シバザクラの咲く「芝桜の丘」以外にも秩父市街を一望に見渡せる「見晴らしの丘」や、羊のいる「ふれあい牧場」、ファミリーで楽しめる「わんぱく広場」など、見どころも多い。武甲山の歴史を豊富な資料で学べる「武甲山資料館」や、棟方志功の作品を展示する「やまと―あーとみゅーじあむ」などもある。
園内自由（芝桜の丘は8時〜17時、入園料300円）
☎0494・25・5209（秩父市観光課）

見晴らしの丘から秩父市街を望む

埼玉県

29 丸山 まるやま

展望台から望む360度のパノラマ風景

一般向き

標高	960m
歩行時間	4時間50分
最大標高差	655m
体力度	★★☆
技術度	★☆☆

1/2.5万 地形図：秩父、正丸峠、皆野

登山適期とコースの魅力

展望自慢の山だけに、空気の澄んだ冬から早春がベストシーズン。春先なら山麓の果樹公園村でイチゴ狩りも楽しめる。

| 1月 | 2月 | 3月 | 4月 | 5月 | 6月 | 7月 | 8月 | 9月 | 10月 | 11月 | 12月 |

新緑：3月〜5月
セツブンソウ：2月〜3月
アズマイチゲ：3月〜4月
カタクリ：3月〜5月
紅葉：10月〜11月

●あしがくぼ果樹公園村

芦ヶ久保駅から丸山へ向かう通り沿いに果樹園が点在。イチゴやプラム、ぶどう、りんごなどの果物狩りが楽しめる。

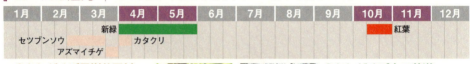

●あしがくぼ山の花道

日向山山頂付近に広がる公園で、カタクリやセツブンソウ、アズマイチゲなどの山野草の自生地が広がっている。

アクセス／電車で

行き：池袋駅 → 西武池袋・秩父線 快速急行で1時間33分 700円 → 芦ヶ久保駅

芦ヶ久保駅には特急は停まらないので、平日は飯能で乗り換える。飯能からは普通電車で所要時間約45分。土曜・休日は停車する快速急行が運行される。帰りは西武秩父から特急を利用する。

帰り：金昌寺バス停 → 西武観光バス 15分 220円 → 西武秩父駅 → 西武秩父・池袋線 特急1時間20分 1420円 → 池袋駅

アクセス／クルマで

圏央道狭山日高IC → 国道299号 28km → 正丸トンネル → 国道299号 6km → 芦ヶ久保

道の駅果樹公園あしがくぼの駐車場が利用できる。道の駅にはシャワー施設もある（有料）。

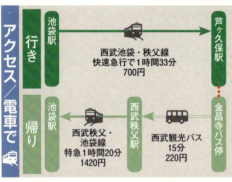

コースタイム

❶芦ヶ久保駅 →1.3km 40分/20分→ ❷丸山入口 →2km 1時間10分/40分→ ❸丸山林道 →0.3km 10分/5分→ ❹高篠分岐 →0.7km 25分/15分→ ❺丸山 →0.8km 20分/30分→ ❻農民の森森林学習展示館 →4.5km 2時間/2時間30分→ ❼金昌寺 →0.2km 5分/5分→ ❽金昌寺バス停

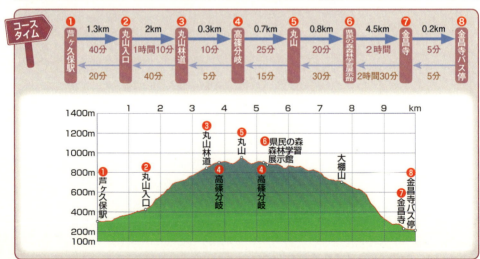

関連情報●芦ヶ久保駅からすぐ、国道299号沿いに、ブコーさん観光案内所がある。秩父全域の観光地、体験施設などの案内を行う。レンタサイクルもあり。

奥武蔵でも有数の展望の山、丸山。標高1000mにも満たない山でありながら、周辺の山々を一望に見渡せるのが魅力だ。平成27（2015）年には、その眺望のすばらしさから、埼玉県の文化財（名勝）にも指定されている。山々の展望を楽しんだ後は、秩父の巡礼者にも親しまれた鉱泉宿で汗を流そう。

● 水場チェック
水場はない。
● トイレチェック
県民の森と金昌寺にある。
● 問合せ先
横瀬町観光協会 ☎0494・25・0450
http://www.yokoze.org
秩父市役所 ☎0494・22・2211
http://www.city.chichibu.lg.jp
西武観光バス秩父営業所 ☎0494・22・1635
http://www.seibukankoubus.co.jp/

芦ヶ久保駅❶〜丸山林道❸

果樹公園村への登り道から武甲山を望む

スタートは **芦ヶ久保駅❶** から。国道299号を秩父方面へ進み、白鬚神社の角を右折。「果樹公園村入口」の大きな看板に従って、急な舗装道路を登っていく。くねくねとカーブを繰り返しながら登っていくが、このあたりに果樹農園が点在し、あしがくぼ果樹公園村となっている。歩きながら、武甲山が大きく眺められる。

「登山道」の小さな道標を目印に、**丸山入口❷** を右に曲がる。コンクリートの急な坂を登り切ると、山道が始まる。はじめは明るい広葉樹林だが、ほどなく杉林になる。見晴らしのきかない道をどんどん進んでいくと、木の子茶屋からのルートと合流する。「丸山2.55km」の道標が目印だ。

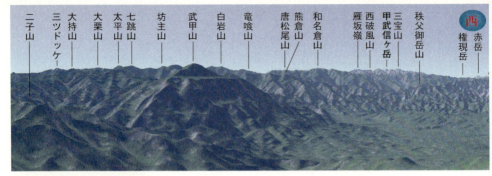

二子山 ― 三ツドッケ ― 大持山 ― 大栗山 ― 太平山 ― 七跳山 ― 坊主山 ― 武甲山 ― 白岩山 ― 竜喰山 ― 唐松尾山 ― 熊倉山 ― 和名倉山 ― 雁坂嶺 ― 西破風山 ― 甲武信ヶ岳 ― 三宝山 ― 秩父御岳山 ― 奥秩父 ― 西 権現岳 赤岳 ― 八ヶ岳

明るい広葉樹林が続く

出会いのテラス

サクラやアカマツ、コナラが茂る明るく美しい樹林を登っていく。登りが急になり、見晴らしもなかなかきかない。ひたすら登っていくと、**丸山林道❸**を横切る。「出会いのテラス」の看板があり、広場にテーブル、ベンチがしつらえられている。

丸山林道❸〜丸山❺

林道からさらに山道を登っていくと、丸山山頂と県民の森方面との三差路である**高篠分岐❹**に出る。少し入ったところにあずまやがあるので、休んでいくとよいだろう。

丸山山頂へは「展望広場」へ進路を取る。道標に従って進み、明るい広葉樹の林をひと登りで、**丸山❺**山頂に到着する。山頂自体は木々に覆われて見晴らしがきかないが、鉄筋造りの展望台があるので、登ってみよう。

北側には榛名山、赤城山、谷川岳、浅間山など上信越の山々、南西方面には武甲山、両神山など奥武蔵・奥秩父の山々が間近に眺められる。木々が葉を落とし、空気が澄んだ冬には、北アルプスまで見渡せる。展望台にある山名盤を使って、山座同定を楽しもう。

丸山❺〜金昌寺バス停❽

高篠分岐まで戻り、県民の森森林学習展示

立ち寄りスポット　金昌寺

石仏の寺として知られる、秩父4番札所の金昌寺。立派な山門には、大きなワラジがかけられている。お堂の回廊右手には、優しいまなざしで赤ん坊を抱いて乳を飲ませる子育て観音像があり、訪れた人々の心を和ませる。境内に建つ四番食堂は、手打ちうどんや味噌おでんが名物。

金昌寺の山門には大ワラジがかかる

丸山の展望台からは360度の眺望が開ける

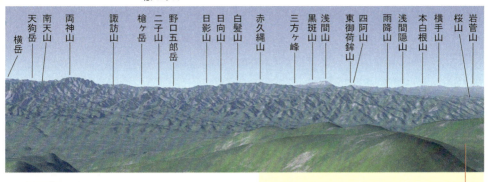

北アルプス

横岳／天狗岳／南天山／両神山／諏訪山／槍ヶ岳／二子山／野口五郎岳／日向山／日影山／白髪山／赤久縄山／三方ヶ峰／東御荷鉾山／四阿山／浅間隠山／雨降山／黒斑山／浅間山／本白根山／横手山／桜山／岩菅山

魅惑のパノラマ大展望

　城砦のような展望台に登って見た南西から北西の展望。目の前の武甲山をはじめとして浅間山、八ヶ岳から谷川、日光の山々、そして空気の澄んだ日には北アルプスの槍ヶ岳まで見えることがある。両神山の右側に目を凝らして見てみよう。

赤い屋根の建物が並ぶ県民の森

館方面に進む。樹林を緩やかに下っていくとすぐに、県民の森森林学習展示館❻に到着する。森林や林業についての展示があり、無料で入館できるので、時間が許せば立ち寄っていきたいところだ。県民の森の敷地内には、きのこをモチーフにした、赤い屋根のかわいらしい建物が点在していて、大きな屋根のあずまやもあるので、休憩にも適している。

　展示館の脇から「札所四番　金昌寺(きんしょうじ)」の看板に従って下山する。木々のところどころに樹木の名が書かれた名札がつけられている。道がいくつか分岐しているが「金昌寺」方面に進めばよい。杉の植林帯を緩やかに下り続け、どんどん高度を下げていく。

でいくと、草むらの中に穏やかな顔の石仏が現れる。1300体あまりの石仏が、登山者を見守るように並んでいる。下り切ったところが秩父4番札所の金昌寺❼だ。

　山門を出れば、金昌寺バス停❽までは徒歩5分ほど。県道11号に出て右に進む。時間が許せば新木鉱泉(あらきこうせん)に立ち寄っていこう。（西野）

温泉情報　新木鉱泉

創業は江戸時代、文政10（1827）年という、歴史のある鉱泉宿。秩父札所めぐりの門前宿として、近隣の人々の湯治場として、賑わっていたという。男女別に内湯と露天風呂があり、なめらかな肌触りの湯を満喫できる。

入浴料900円／12時～21時／☎0494・23・2641

風情あるたたずまいの宿

石仏が見守る金昌寺への登山道

道がV字にえぐれて歩きにくくなってくるとほどなく、2番札所真福寺への分岐。左に進

埼玉県

30 一等三角点のある山頂から360度のパノラマ

一般向き

標高	876m（堂平山）
歩行時間	4時間10分
最大標高差	530m
体力度	★★☆
技術度	★☆☆
1/2.5万地形図	安戸、正丸峠

堂平山から笠山
（どうだいらさん／かさやま）

登山適期とコースの魅力

すばらしい展望が楽しめる山だけに、空気の澄んだ秋～冬に訪れて360度の展望を楽しみたい。春先に草花を愛でるのもよい。

1月	2月	3月	4月	5月	6月	7月	8月	9月	10月	11月	12月
			新緑								
			レンゲツツジ								
									紅葉		

●堂平山のブルーベリー

堂平山の山頂にある堂平天文台では、ブルーベリーの摘み取り体験ができる。例年6月下旬～8月下旬の開催。

●春の草花

春先、林床にはさまざまな草花が見られる。エイザンスミレやアケボノスミレ、さらにはカタクリやイワウチワなども。

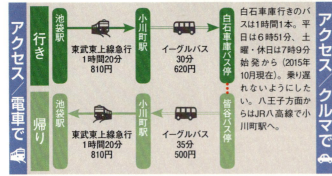

アクセス／電車で

行き：池袋駅 → 東武東上線急行 1時間20分 810円 → 小川町駅 → イーグルバス 30分 620円 → 白石車庫バス停

白石車庫行きのバスは1時間1本。平日は6時51分、土曜・休日は7時9分始発から（2015年10月現在）。乗り遅れないようにしたい。八王子方面からはJR八高線で小川町駅へ。

帰り：皆谷バス停 → イーグルバス 35分 500円 → 小川町駅 → 東武東上線急行 1時間20分 810円 → 池袋駅

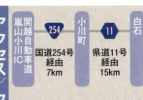

アクセス／クルマで

関越自動車道嵐山小川IC → 国道254号経由 7km → 小川町 → 県道11号経由 15km → 白石

白石車庫バス停先の白石キャンプ村に駐車場がある（1日500円）。また、路肩にも駐車スペースがあるが、できるだけ駐車場を利用したい。

コースタイム

①白石車庫バス停 →2.5km 1時間10分／1時間→ ②白石峠 →0.6km 15分／15分→ ③剣ヶ峰 →0.9km 15分／25分→ ④堂平山 →1.0km 20分／40分→ ⑤七重峠 →0.9km 30分／20分→ ⑥笠山（東峰往復10分）→3.7km 1時間40分／2時間→ ⑦皆谷バス停

堂平山頂から南西方面を望む

 水場チェック
コース中には水場はない。

● トイレチェック
出発点の白石車庫バス停と堂平山頂、萩平にある。

● 問合せ先
東秩父村役場 ☎0493・82・1221
http://www.vill.higashichichibu.saitama.jp/
イーグルバス都幾川営業所 ☎0493・65・3900
http://www.new-wing.co.jp
小川観光タクシー ☎0493・72・2015

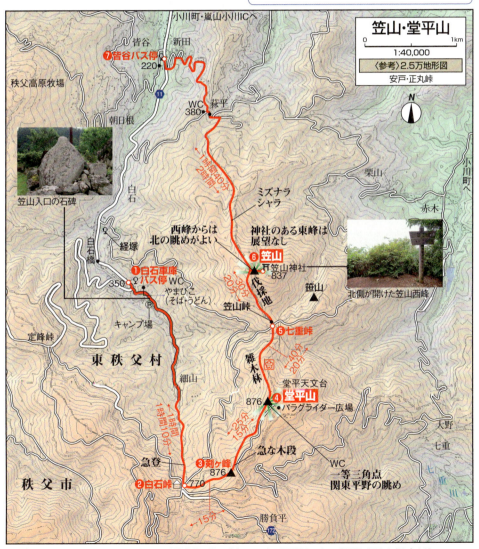

笠山・堂平山
1:40,000
〈参考〉2.5万地形図
安戸・正丸峠

堂平山から笠山

奥武蔵

関連情報 ●日本五大名飯のひとつ、小川町の割烹旅館二葉の「忠七めし」。山岡鉄舟からの「調理に禅味を盛れ」と注文を受け、当時の店主が作り出した料理。店は現在も小川町にあり、伝統の味を楽しめる。

山頂に天文台のある堂平山。すばらしい展望の楽しめる山であり、星空観察の名所でもある。地元では乳房山とも呼ばれる笠山とつなげて歩く、外秩父ハイキングの中でも定番人気のコースを歩いてみよう。ちなみに、堂平山、笠山と、大霧山（P.136掲載）を「比企三山」という。

白石車庫バス停❶〜堂平山❹

展望板もある堂平山山頂

スタートは白石車庫バス停❶から。白石峠に向かって、舗装道路を進んでいく。単調な道だが、道中には「笠山入口」の石碑が残るほか、地元の伝統行事「白石の神送り」の解説板があって興味深い。馬頭観音の石碑があるのは、古い峠道の名残だ。

道は沢沿いにつけられていて、沢のせせらぎが心地よく響く。ほどなく舗装道路から山道になり、傾斜も急になってくる。沢から離れると、雑木林の中、ジグザグと急な登りが続くようになる。ひとしきり汗をかきながら登り切ると、白石峠❷に到着する。槻川源流の碑があり、その先に立派な舗装道路が横切

白石峠にはあずまやがある

っている。あずまやもあるので、ひと息ついていくといいだろう。

少し車道を進み、道標に従って左の山道に入る。木々が茂りうっそうとして、すぐそばを車道が走っていることを忘れてしまうほどだ。やや岩が出ている道を登り切ると、剣ヶ峰❸に到着。大きなパラボラアンテナがあるだけで、山名標もない。木々に覆われて見晴らしもきかないので、それと気づかずに通り過ぎてしまうかもしれない。それでもアンテナの下には「剱峯大神、大山祇命、摩利支天」と刻まれた板碑が残されているのが、唯一往時を偲ばせてくれる。

アンテナ脇の急な木段を下ると車道に出る。ここからは車道を歩いても、左の樹林帯につけられた「森林学習道」を歩いても、堂平山まで行くことができる。

堂平山❹の山頂は、丸い屋根の天体観測ドームが目印。草原状の広々とした山頂には、三角点を囲むように展望図とベンチがしつらえられている。周りにさえぎるものがなく、まさに360度の大展望。東には関東平野が広

立ち寄りスポット　東秩父村和紙の里

東秩父村は、かつては手漉き和紙の産地であり、「細川紙」の名で知られる和紙は、障子紙などにも重宝されていたという。東秩父村和紙の里は、和紙作りの歴史や文化を伝える施設。草花入りのオリジナルのハガキを作る紙漉き体験ができるほか、和紙製品のギャラリーや売店もあり、和紙の魅力を満喫できる。

9時〜16時（体験は15時まで）／月曜休／☎0493・82・1468／秩父郡東秩父村大字御堂441／駐車場50台／和紙の里バス停から徒歩3分

和のたたずまいの和紙製造所

パラグライダー広場の脇を通る

笠山神社がある笠山東峰

がり、天気に恵まれれば東京スカイツリーや池袋・新宿の高層ビル群も眺められる。西側には奥秩父の山々。山容が特徴的な両神山や武甲山は、すぐ分かるだろう。写真付きの分かりやすい展望図で、山座同定もしやすい。

堂平山❹〜笠山❻

堂平山を後にして、笠山へ向かう。ドームを左に回りこみ、「笠山方面」の道標に従って左側の道に進む。芝生の斜面が広がるパラグライダー広場を左に眺めながら進み、ほどなく樹林帯の山道に入る。下り始めはやや急な赤土の道で滑りやすいが、ほどなく心地よい広葉樹の中の下り道になる。途中で道は新道と旧道に分岐するが、どちらも<mark>七重峠❺</mark>につく。少し舗装道路を進み、再び登山道に入る。すぐ先の笠山峠からしばらく進んでいき、木の根が張り出した登り道、さらに露岩の急な登りを詰める。萩平と笠山との分岐につけば、山頂まではもうすぐだ。

<mark>笠山❻</mark>は西峰と東峰があり、はじめに現れる西峰のほうが眺めがよい。北側がやや開け、赤城山や上越の山々が見渡せる。東峰へは、岩場のヤセ尾根を進む。短い距離とはいえ、特に岩が濡れていると足場が悪く、少し緊張するところだ。東峰の山頂には笠山神社が建つ。残念ながら、見晴らしはまったくない。

笠山❻〜皆谷バス停❼

笠山からは、萩平・皆谷方面へ進む。下り始めはミズナラやシャラなどの明るい広葉樹林。やや急で、赤土なので濡れていると滑りやすい。十分注意して進もう。途中で林道に出たら、すぐ対岸の山道に入る。檜の植林帯の中をどんどん下っていく。

萩平の分岐（萩平丁字路）からハイキングコースと分かれて、皆谷バス停へ向かう。のどかな集落のなか、舗装道路を歩いていく。途中、数ヶ所山道をショートカットできるが、やや滑りやすいところもあるので注意したい。県道に出たら右へ。数分進めば<mark>皆谷バス停❼</mark>に到着する。

(西野)

> **立ち寄りスポット　堂平天文台**
>
> 堂平山の山頂に建つ堂平観測所ドームを中心に、山頂一帯が「堂平天文台　星と緑の創造センター」として整備されている。観測所ドームは、昭和37（1962）年に建てられて以来、日本の天文学を支えてきた施設。現在はリニューアルされて、宿泊可能な施設となっている。さらに、園内にはバンガローやモンゴル式テントなどの宿泊施設があり、キャンプや森林体験が楽しめる。また、星空観望会も月2回行われている。
> ☎080・2373・8002

緑色の丸い屋根が目を引く

埼玉県

31 巨人伝説の残る大展望の山

一般向き

標高	767m
歩行時間	3時間15分
最大標高差	570m
体力度	★☆☆
技術度	★☆☆

大霧山（おおぎりやま）

1/2.5万地形図	安戸

登山適期とコースの魅力

展望にすぐれた山だけに、空気の澄んだ晩秋から早春にかけてがよい。4月半ばには定峰峠の桜並木が見頃。足を伸ばしてもよいだろう。

1月	2月	3月	4月	5月	6月	7月	8月	9月	10月	11月	12月
			新緑						紅葉		

●みかん畑

栗和田地区にはみかん畑が広がり、晩秋に実をつける。この時期は集落のあちこちの無人販売所でみかんやユズを販売。

●マユミ

奥多摩・奥武蔵の山地に多く見られる。秋には独特な形の真っ赤な愛らしい実をつけるのでよく目立つ。

アクセス／電車で

行き：池袋駅 → 東武東上線急行 1時間20分 810円 → 小川町駅 → イーグルバス 25分 460円 → 橋場バス停

帰り：定峰橋バス停 ⋯ 西武観光バス 30分 320円 → 西武秩父駅 → 西武秩父・池袋線 特急1時間20分 1420円 → 池袋駅

小川町からのバスは平日・土曜・休日ともに1時間に1本。人数がそろえばタクシーを利用した方が経済的。帰りの定峰橋からのバスは少ないので事前に調べておこう。

アクセス／クルマで

嵐山小川IC（関越自動車道）→ 国道254号経由 7km → 小川町 → 県道11号経由 12km → 橋場バス停

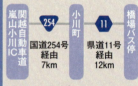

橋場バス停のそばに駐車スペースがある。また、粥新田峠にも6台ほどの駐車スペースがある。その場合は山頂ピストンになる。

コースタイム

❶橋場バス停 →2.6km 55分／35分← ❷粥新田峠 →1.1km 40分／30分← ❸大霧山 →0.9km 25分／40分← ❹檜平 →0.5km 15分／20分← ❺旧定峰峠 →3.1km 1時間／1時間30分← ❻定峰橋バス停

関連情報●帰りの定峰橋からのバスは14時台が平日1本、16時台が平日・休日とも1本のみ。その後は平日は18時台と19時台に1本ずつ、土曜・休日は17時台と18時台に1本ずつある（2015年10月現在）。

水場チェック
コース中には水場はないので、小川町駅で用意すること。

トイレチェック
出発点の橋場バス停脇の駐車場にトイレがあるが、コース中にはない。出発点で用を足しておくこと。

● 問合せ先
東秩父村役場　☎0493・82・1221
http://www.vill.higashichichibu.saitama.jp/
イーグルバス都幾川営業所　☎0493・65・3900
http://www.new-wing.co.jp
小川観光タクシー　☎0493・72・2015

栗和田集落から大霧山を望む

大霧山　奥武蔵

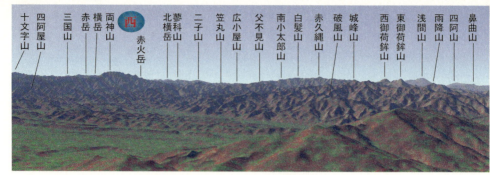

八ヶ岳／十文字山／四阿屋山／三国山／赤岳／横岳／両神山／西／赤火岳／蓼科山／北横岳／笠丸山／広小屋山／父不見山／南小太郎山／白髪山／赤久縄山／破風山／城峰山／西御荷鉾山／東御荷鉾山／浅間山／雨降山／四阿山／鼻曲山

笠山、堂平山と並び、比企三山のひとつ、大霧山。たおやかな山容でありながら、山頂からの眺めに恵まれた展望の山である。このあたりは巨人伝説が残っており、大霧山は巨人ダイダラボッチ（大太坊）が荒川の水を含んで吹いたところといわれる。豪快な伝説に思いを馳せながら歩きたい。

 橋場バス停❶〜粥新田峠❷

橋場バス停❶から、槻川を橋で渡り、車道を登っていく。かなり急な道を登り、古い石碑と新しい木の道標を目印に、右から山道に入る。すぐに再び舗装道路に出ると栗和田の集落。目の前に大霧山がたおやかな山容を見せている。春は庭先の花木が彩りを添え、秋はみかんや柿がたわわに実る、のどかな山村風景の中を歩いていく。

道が大きくカーブする手前で、道標に従って直進。はじめはコンクリート舗装の道路で、ほどなく山道となる。道中には、登山者を見守るように石仏がいくつか立っていて、古くから歩かれている道であることを偲ばせる。

車道に出てしばらく進むと粥新田峠❷につく。かつては外秩父と秩父を結ぶ重要な峠のひとつであったといわれるが、今は舗装道路が通り、往時の風情はない。粥新田峠の名前の由来は、武蔵野にいた巨人ダイダラボッチ（大太坊）が、旅の途中で粥を煮て昼食をとった場所であるという伝説から。さらに、食べ終わって釜を伏せたのが釜伏山、箸を立てたのが二本木峠といわれる。

ベンチが置かれた大霧山の山頂

粥新田峠❷〜大霧山❸

粥新田峠から左に進む。明るい雑木林の中、急な登りを詰めていく。登り切るといったん緩やかになり、木漏れ日が心地よい樹林歩きになる。再び登りが急になれば、ひと登りで大霧山❸の山頂に到着する。

三等三角点のある山頂からは、北から西にかけての眺めがよい。山のイラストが描かれた展望案内板があり、手軽に山座同定も楽しめる。ベンチが置かれているので、ゆっくり休み、景色を楽しんでいきたい。

大霧山❸〜定峰橋バス停❻

大霧山からは定峰方面へ下山する。下り始

粥新田峠への道中に立つ石仏

138

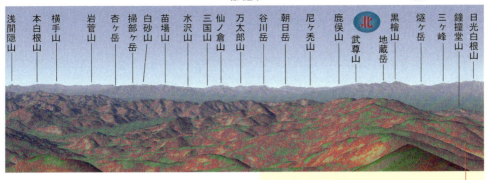

パノラマ山名（左から）: 浅間隠山／本白根山／横手山／岩菅山／杏ヶ岳／掃部ヶ岳／白砂山／苗場山／水沢山／三国山／仙ノ倉山／万太郎山／谷川岳／朝日岳／尼ヶ禿山／鹿俣山／武尊山／地蔵岳／黒檜山／燧ヶ岳／三ヶ峰／鐘撞堂山／日光白根山　（谷川連峰・尾瀬）

魅惑のパノラマ大展望

　大霧山の山頂から西～北方向を望む。西側には武甲山をはじめ奥武蔵の山々が間近に、奥多摩、奥秩父の山々も眺められる。眼下に広がるのは秩父市街。北側には上州の山々、日光連山。榛名富士、赤城山、谷川連峰、日光白根山、名だたる山々が連なっている。

　めがやや急で悪いが、すぐに傾斜が緩むと、左手に牧草地が広がっている。牧草地越しに独特の形をした笠山、なだらかな堂平山が眺められる。堂平山はよく見ると天文台のドームの建物も眺められるだろう。

　しばらく眺めを楽しみながら下っていくと、周りが檜の樹林となり、眺めがきかなくなってくるとほどなく、左に鋭く曲がるように定峰への道標がある。道標はないが、このあたりが**檜平❹**。広場にはなっているが、うっそうとしている。さらに、緩やかに檜や杉の林を下っていくと、道が4つに分岐する**旧定峰峠❺**に着く。小さな石の祠と、ダイダラボッチの伝説の解説板がある。

　定峰橋バス停へは右に進む。ときおり樹林越しに武甲山や両神山が眺められる植林帯を下っていくと、ほどなく車道に出る。舗装道路を進み、水神社の建物の先で県道と分かれて右に下っていくと、のどかな里山風景の広がる集落へ。このあともいくつか分岐があるが、「定峰橋バス停」方面に進めば間違いない。大通りに出たら、右に少し進むと**定峰橋バス停❻**がある。

　ちなみに、旧定峰峠で右折せずに直進すると、サクラの名所として知られる定峰峠に至る。バス停までは下山後かなり歩かなくてはならないが、サクラの時期は寄り道をしてもいいだろう。

（西野）

温泉情報　不動の湯

横瀬川のほとりに建つ、秩父札所を巡るお遍路さんを癒してきた温泉宿。不動の湯の名前の由来は、かつて不動明王が夢枕に立ち、温泉の湧くところを示したことによる。男女別に大浴場があり、タイル張りの浴槽がレトロな雰囲気だ。

入浴料700円／11時～15時／☎0494・23・1126／西武秩父駅からタクシー10分

牧草地から笠山（左）、堂平山（右）を望む

不動の湯のレトロな入口

埼玉県

32 梅の花が咲き誇る早春の里山歩き

家族向け

標高	376m
歩行時間	2時間55分
最大標高差	315m
体力度	★☆☆
技術度	★☆☆
1/2.5万地形図	越生

大高取山（おおたかとりやま）から桂木観音（かつらぎかんのん）

登山適期とコースの魅力

咲き乱れる梅や、たわわに実るユズを楽しめる早春がおすすめ。行程は短めなので下山後に越生梅林に足を伸ばすのもよいだろう。

	1月	2月	3月	4月	5月	6月	7月	8月	9月	10月	11月	12月
ウメ		■	■									
新緑				■	■							
サクラ			■	■								
ツツジ				■	■							
アジサイ						■	■					
紅葉											■	■

●越生梅林
関東有数の梅林。越生野梅などの古木を含め、1000本以上もの梅が植えられている。町内には梅の林が点在する。

●五大尊つつじ公園
1万株のツツジが咲くツツジの名所。江戸時代に植えられた古木もある。つつじ祭りは4月下旬〜5月上旬に開催。

アクセス

電車で：池袋駅 →東武東上線急行 50分 越生駅まで720円→ 坂戸駅 →東武越生線 20分→ 越生駅

越生駅はJR八高線も通っている。多摩方面からは八高線が便利だが、高麗川乗り継ぎになる。高麗川から小川、寄居方面は本数が少なく1時間1本程度。

クルマで：関越自動車道 鶴ヶ島IC → 県道114号、30号経由 13km → 越生

五大尊つつじ公園付近に有料（400円）駐車場がある。世界無名戦士の墓には無料の駐車場がある。

コースタイム

❶越生駅 →1.3km 30分／25分→ ❷世界無名戦士の墓 →0.6km 20分／15分→ ❸西山高取 →1.3km 40分／30分→ ❹大高取山 →1.0km 25分／35分→ ❺桂木観音 →4.4km 1時間／1時間20分→ ❻越生駅

140

梅の見頃は例年2〜3月

水場チェック
コース中には水場はないが、里を歩くので自動販売機などで水分をとることができる。

トイレチェック
世界無名戦士の墓、桂木観音、虚空蔵尊入口にトイレがある。

● 問合せ先
越生町役場 ☎049・292・3121
http://www.town.ogose.saitama.jp/
毛呂山町役場 ☎049・295・2112
http://www.town.moroyama.saitama.jp/

関連情報●例年、2月下旬〜3月下旬に「越生梅林梅まつり」を開催。期間中の土・日曜には和太鼓やお囃子などのイベントが行われるほか、ミニSLの運行や史跡巡りツアー、地元特産品の販売なども行われる。

越生は花の里。早春の越生梅林は言うに及ばず、山吹の里歴史公園、五大尊つつじ公園、あじさい山公園など、春から初夏にかけてさまざまな花に彩られる。山麓の花の名所と組み合わせた低山ハイキングが楽しみ。

越生駅❶〜西山高取❸

スタートは**越生駅❶**から。目の前に見えている報恩寺を目指す。天平10（738）年に、行基によって創建されたという古刹で、本堂をはじめ風格ある建物が印象的。なかでも中門は正徳元（1711）年、鐘楼は享保6（1721）年の建立で、木造建築としては越生町最古のものだ。

登山道へは、道標に従って山門の手前で右に、境内をまわりこむように進む。舗装道路をどんどん登っていく。越生神社を左手に見ながらさらに進むと、登り切って見晴らしのよい広場に出る。さくらの山公園として整備されており、春先には満開の桜が楽しめる。

ここから長い階段を登り切ったところが、**世界無名戦士の墓❷**。大観山山頂に立てられた戦没者慰霊塔で、第二次世界大戦で亡くなった将兵を、敵味方の区別なく供養することを目的として建てられた。屋上に上がれば、関東平野のすばらしい眺望が開け、天気がよければ新宿副都心や東京スカイツリーまで見渡せ、平野の向こうには筑波山がそびえる。

建物の左手から再び山道に入る。緩やかな常緑樹の林が檜の林に変わり、徐々に傾斜が増してくる。岩や木の根が露出した急な登りをひとがんばりすると尾根に出て、ほどなく**西山高取❸**に到着する。山頂自体は眺望がないが、少し進んだところに小さなベンチがあり、南側が開けている。

西山高取❸〜桂木観音❺

西山高取からは小さなアップダウンを繰り返しながら、大高取山に向かっていく。いくつか分岐があるが、「大高取山・桂木観音」方面に進めばよい。登りがかなり急になり、見晴らしのきかない樹林のなか、息をきらしながらジグザグと登っていくと、大高取山の

越生七福神のひとつでもある報恩寺

世界無名戦士の墓の屋上からの眺め

ご当地グルメ　越生の梅製品

梅林がクローズアップされる越生町は、良質な梅の産地でもある。町内の直売所や越生駅前の物産店などでは、梅干しや梅の加工品を多く販売している。果肉が厚く、味わい豊かな梅干しは定番のおみやげだが、梅を使ったジュースやお酒、ジャム、ようかんなども人気だ。時期が合えば生梅を買うのもよい。

梅干しや梅ようかんは山の行動食にも

木々に囲まれた大高取山

桂木観音の朱塗りの観音堂

肩に出る。ここから**大高取山**❹まではなだらかな道、あっという間だ。

　山頂は広場になっていて、標柱と三角点がある。周りは檜や杉の林に囲まれているが、南側の一部だけ、木々が刈り取られている。

　大高取山の肩まで戻り、桂木観音を目指す。下り始めは緩やかで、桂木山を過ぎるとやや急になるが、歩きやすい道が続く。杉や檜の樹林の林床にヒサカキやアオキが生えている。途中、ゆうパークおごせへの道が分岐しているところもあるが、道標に従って桂木観音方面へ進む。

　樹林が薄暗い常緑樹になり、急な山道を下っていくと、**桂木観音**❺に到着する。朱塗りの観音堂が風情たっぷりだ。行基によって創建された寺で、千手観音の立像が安置されている。境内からの眺めもすばらしいので、ゆっくり休んでいきたいところだ。

桂木観音❺〜越生駅❶

　桂木観音の階段を下り、車道に出たら左へ。初夏にはアジサイの咲く道を下っていき、途中でゆうパークおごせ方面に続く山道に入る。このあたりがユズ畑になっていて、冬には黄色い実をたわわに実らせる。さらに山道を進むと、途中でゆうパークおごせと虚空蔵尊・越生駅方面に分岐するので左へ。急坂を進んでいくと、沢沿いの林道に出て、ほどなく虚空蔵尊に出る。長い石段を登ると、本堂がある。知恵と慈悲を大空（虚空）のように無限

に持つといわれる虚空蔵菩薩を祀る寺で、3月にダルマ市も行われている。

　虚空蔵尊からほどなく車道に出て、ゴールの**越生駅**❶を目指す。道沿いにも小さな梅林が点在しており、梅の香りに包まれてのどか

虚空蔵尊へは長い石段を登る

な里山歩きが楽しめる。途中で越生駅への道と分かれて、ゆうパークおごせへ立ち寄るのもよいだろう。途中の山道からでも、車道に出てからでもアクセスできる。　　　　　（西野）

温泉情報 ゆうパークおごせ

キャンプ場や入浴施設のあるリフレッシュリゾート。風呂は檜・岩2種類の露天風呂と、明るく開放的な内風呂のほか、水着で入る12種類の風呂、岩盤浴（別料金）などもある。レストランも併設。
入浴料3時間700円／10時〜21時／木曜休／駐車場200台／☎049・292・7889／越生観光案内所前から無料送迎バスあり

広々とした岩風呂の露天風呂

埼玉県

33 心地よい里山歩きと展望の山旅へ

一般向き

標高	344m
歩行時間	3時間
最大標高差	230m
体力度	★★☆
技術度	★☆☆
1/2.5万地形図	安戸、武蔵小川

官ノ倉山
(かんのくらやま)

登山適期とコースの魅力

官ノ倉山、石尊山ともに展望にすぐれた山。眺望を楽しむなら晩秋から早春にかけて、日だまりハイキングが心地よい。

1月	2月	3月	4月	5月	6月	7月	8月	9月	10月	11月	12月
			新緑								
フクジュソウ			サクラ					ヤマユリ		紅葉	
シュンラン				ミツバツツジ							

●里山の花風景
東武竹沢駅から登山口までの集落は、民家の庭が四季折々の花木や草花に彩られて、低山に囲まれた桃源郷の趣となる。

●八幡神社の桜
八幡神社の参道には桜が植栽されていて、春先は満開の桜並木が心地よい。境内にそびえる大ケヤキは町の天然記念物。

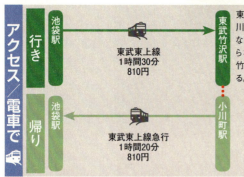

アクセス／電車で
行き：池袋駅→東武東上線 1時間30分 810円→東武竹沢駅
帰り：東武竹沢駅←東武東上線急行 1時間20分 810円←池袋駅

東武竹沢駅には小川町で乗り継ぎになる。多摩方面からなら、JR八高線竹沢駅も利用できる。

アクセス／クルマで
嵐山小川IC→関越自動車道→国道254号経由 7km→小川町→国道254号経由 4.8km→天王沼

天王沼に駐車場はあるが、周回コースなので、小川町付近に停め、電車で東武竹沢駅に向かった方がよい。

コースタイム
①東武竹沢駅 →1.7km 30分→ ②三光神社 →0.4km 10分→ ③天王沼 →0.8km 20分→ ④官ノ倉峠 →0.2km 15分→ ⑤官ノ倉山 →0.3km 15分→ ⑥石尊山 →0.9km 20分→ ⑦北向不動 →4.0km 1時間10分→ ⑧小川町駅
(復路：30分／10分／15分／10分／15分／30分／1時間20分)

標高は400mに満たないながらも、すばらしい眺めが楽しめる官ノ倉山。不思議な響きの山名は、もとは神ノ倉山と記される、信仰の山であった。なだらかな丘陵で眺望を楽しみ、下山は武蔵の小京都・小川町へ。下山後の街歩きやグルメも楽しみだ。

> 💧 **水場チェック**
> コース中では下山路の北向不動にあるが、それまではないので、東武竹沢駅で十分用意すること。
>
> 🚻 **トイレチェック**
> コース中のトイレは三光神社の少し手前、下山後の北向不動、八幡神社にある。
>
> ●問合せ先
> 小川町役場　☎0493・72・1221
> http://www.town.ogawa.saitama.jp/

東武竹沢駅❶〜天王沼❸

東武竹沢駅❶の改札を出たらいったん地下道を通って西口に出る。道標に従って左に進み、踏切を渡り、舗装道路を道なりに進む。庭先に花が咲き、周りの山々が背後に眺められる里山風景が続く。古い石造りの建物や、馬頭尊などが点在する。

三光神社❷は、鎌倉幕府の礎となった児玉党(武蔵七党のひとつ)の一族である、竹沢氏の子孫が創建したと伝えられている神社。日、月、星を祀ることから「三光」神社の名がついている。社殿の前には樹高35mの大スギがそびえている。三光神社からさらに進むと道がふたつに分かれ、道標に従って左手に。砂利道を登っていくとほどなく**天王沼❸**に到着する。樹林に囲まれた灌漑用のため池だ。池のほとりにはあずまやも建てられている。

三光神社と大スギ

岩の急坂が続く

関連情報●小川町は和紙の里としても知られていて、1300年前から和紙作りが行われていたという。埼玉伝統工芸館では、伝統工芸品の展示のほか、紙漉き体験もできる。

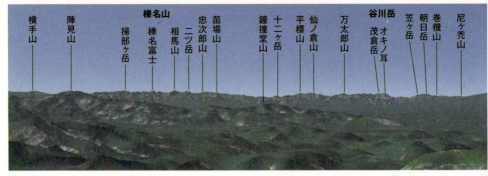

天王沼❸～官ノ倉山❺

　天王沼から本格的な山道となる。薄暗い杉や檜の林で、林床には常緑樹のアオキやシダが葉を茂らせている。はじめはなだらかで心地よい道だが、だんだん下草がうっそうと茂り、傾斜もきつくなってくる。やや崩れて足場の悪いところもあるので、十分注意して進もう。登り切ったところが**官ノ倉峠**❹。広場になっていて、ベンチもあるのでひと息ついてもいい。

　官ノ倉峠から**官ノ倉山**❺までは、距離は短いものの、滑りやすい岩場もあって気が抜けない。慎重に登り詰めていくと、あっけなく山頂に到着する。それほど広くない山頂ではあるが、ベンチもあり、休憩するには最適。南西側の眺望がよく、すぐ目の前にはこれから向かう石尊山（せきそんざん）が眺められ、その向こうに笠山～堂平山（どうだいらさん）が連なっている。北側に目を向ければ、晴れて空気の澄んだ日なら榛名山（はるなさん）や赤城山（あかぎさん）まで見渡せるだろう。

ベンチもある官ノ倉山

官ノ倉山❺～小川町駅❽

　官ノ倉山からは、いったん登り返して石尊山へ。下り始めが岩場で足場が悪いので、十分注意して進もう。石の祠が鎮座する**石尊山**❻の山頂もまた、官ノ倉山に劣らず眺めがよい。南側が木々に隠れているが、北側はさえぎるものがなく、日光連山、赤城山や榛名山など上州の山々が一望のもと。ゆっくり時間をとって、景色を楽しんでいこう。

　石尊山からは一気に標高を下げていく。下

立ち寄りスポット　晴雲酒造

　小川町の市街に蔵を構える造り酒屋。厳選した素材を使い、伝統の酒造りに最新の手法を取り入れて造られる日本酒のファンも多い。予約不要、無料で酒蔵の見学もでき、売店で利き酒ができるので、下山後に立ち寄ろう。隣接して食事どころもある。
酒蔵見学9時～17時／無休／見学無料／☎0493・72・0055／小川町駅から徒歩5分

晴雲酒造の白い蔵造りの建物。入るとすぐに玉の井戸からの水が湧き出ている

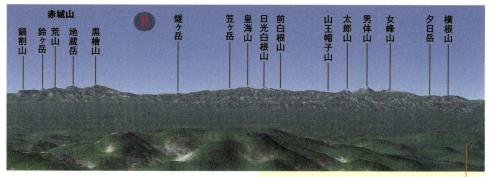

横根山／夕日岳／袈裟丸山／女峰山／男体山／太郎山／山王帽子山／日光白根山／前白根山／皇海山／笠ヶ岳／錫ヶ岳／燧ヶ岳／黒檜山／地蔵岳／荒山／鈴ヶ岳／赤城山／鍋割山

魅惑のパノラマ大展望

石尊山から見た北側の展望。関東平野の向こうに、男体山をはじめとした日光連山、赤城山、榛名山、上州武尊山などが見渡せ、さらにその奥には谷川岳も。空気の澄んだ日であれば、筑波山をうっすらと眺められることもある。

石尊山の山頂には祠がある

り始めは岩が露出していて、鎖がつけられたところもある。岩場は登りより下りのほうが険しく感じるので、十分に注意して進むようにしよう。うっそうとした針葉樹の林をどんどん下っていくと、やがて傾斜が緩み、左手に不動の滝が現れる。木の樋から流れる冷たい水が心地よい。向かいには北向不動（きたむき）❼へ向かう急な石段があるので、立ち寄っていこう。ここもまた、里の人々の信仰のよりどころであった。

笠原川沿いの道を進んでいくと、真新しいトイレやベンチがしつらえられた広場に出る。ここからは「長福寺・小川町駅」方面への道標を見落とさないようにしながら、集落の中を進んでいく。途中で少し山道に入るところもあり、注意が必要。長福寺の先で、広い車道を

斜めに横断したら、ほどなく八幡神社へ。桜並木の参道を抜け、まっすぐ進んでいくと大通りに出るので左折すれば、小川町駅❽まではあと少しだ。　　　　　　　　　　（西野）

立ち寄りスポット　女郎うなぎの福助

江戸時代、安政2（1855）年創業の老舗割烹。明治時代に建てられた木造3階建ての建物で、ゆったりと食事が楽しめる。主人にお世話になった吉原の遊女が、世話になったお礼に生家のうなぎ屋のたれを教えてくれたという逸話が残る「女郎うなぎ」が名物だ。
11時30分〜21時／月曜休／☎0493・72・0026／小川町駅から徒歩3分

風格ある木造建築の福助

北向不動の向かいにある不動の滝

埼玉県

34 豊かな表情の羅漢さまに心なごむ

家族向き

標高	330m(鐘撞堂山)
歩行時間	2時間40分
最大標高差	230m
体力度	★☆☆
技術度	★☆☆

鐘撞堂山から羅漢山
かねつきどうやま　　　　らかんやま

1/2.5万地形図　寄居

登山適期とコースの魅力

1年を通じて気持ちよく歩けるが、鐘撞堂山からの展望を楽しむなら晩秋から春先がいい。山麓の梅やサクラも美しい。

1月	2月	3月	4月	5月	6月	7月	8月	9月	10月	11月	12月
			新緑								
	ウメ				フジ						紅葉
		サクラ									

●鐘撞堂山からの日の出

鐘撞堂山は初日の出スポットとしても人気。南側の眺望が開け、天気に恵まれれば関東平野から昇る朝日が眺められる。

●雑木林

鐘撞堂山の山頂周辺は、クヌギやコナラなどの雑木林。秋は紅葉とともに、木によって形の違うどんぐりが足元に落ちているのを見るのも楽しみだ。

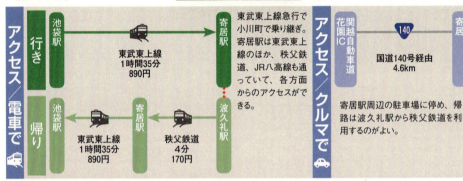

東武東上線急行で小川町で乗り継ぐ。寄居駅は東武東上線のほか、秩父鉄道、JR八高線も通っていて、各方面からのアクセスができる。

寄居駅周辺の駐車場に停め、帰路は波久礼駅から秩父鉄道を利用するのがよい。

登山者を見守る羅漢像

💧 **水場チェック**
コース中にはない。

🚻 **トイレチェック**
大正池、少林寺にトイレがある。

● **問合せ先**
寄居町役場 ☎048・581・2121
http://www.town.yorii.saitama.jp/

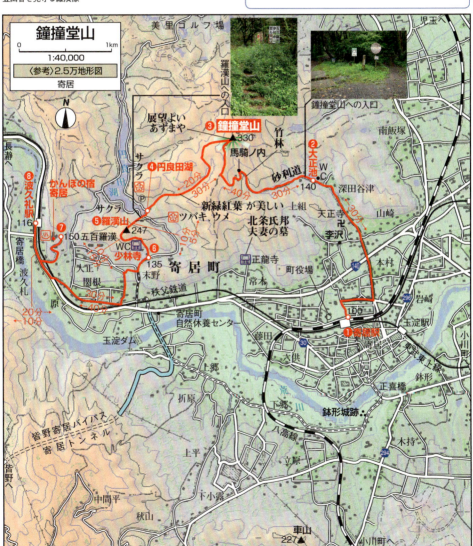

鐘撞堂山から羅漢山

奥武蔵

戦国時代、武州鉢形城の見張り所があり、敵の襲来など危急時にはここから鐘をついて知らせたことから名がついた鐘撞堂山。その標高からは想像もつかない、絶景が自慢の展望の山だ。羅漢山の石仏めぐりとあわせて、里山ハイキングが楽しみ。下山後は鉢形城跡まで足を伸ばしてみてもよい。

寄居駅❶〜鐘撞堂山❸

静けさが漂う大正池

寄居駅❶北口からスタート。町役場を左に見ながら大通りを進み、「鐘撞堂山→」への道標に従って右折。さらに交差点を左折し、国道140号バイパスを横切る。住宅街の中は道標がこまめにつけられているので、見落とさないように。道なりにしばらく進むと、右手に**大正池❷**が現れる。灌漑用の小さな池で、ほとりにはあずまやがある。

大正池からしばらく進むと、舗装道路から砂利道になる。すぐに分岐があり、道標に従って右に進む。うっそうとした樹林帯が続き、ほどなく平地に出る。馬騎ノ内と呼ばれ、かつては集落があったという。このあたりはマダケの林で、今も竹炭を焼く人がいる。竹林を過ぎてしばらく進むと、高根山との道を分けて右に進む。急な階段をひと登りすると、**鐘撞堂山❸**の山頂に到着する。

とくに南側の眺望がよく、天気に恵まれれば新宿や池袋などの高層ビル群、東京スカイツリーなども眺められる。間近に見えるのは堂平山、笠山など奥武蔵の山々。木々が葉を落としている時期なら、北側の榛名山、赤城山など上州の山々や浅間山も見渡せるだろう。眼下に見えているのは寄居の町並みだ。蛇行して流れているのは荒川だ。

木造の展望櫓があるが、展望台の上からは木々に覆われて展望は今ひとつ。むしろ下の広場からの眺めがよい。あずまやもあるので、ゆっくり休んでいくといいだろう。名前の由来である鐘もある。

立ち寄りスポット　武州鉢形城

戦国時代、小田原の北条氏の支城があったところで、戦国時代の代表的な城郭跡のひとつ。当時は北関東の拠点として、甲斐・信濃からの攻撃の備えとしても重要な役割を果たしていたという。断崖絶壁の上に建てられた城は、まさに天然の要害であった。

現在、城跡は鉢形城公園として整備されている。堀や土塁などがよく残されており、発掘調査をもとに石積みの土塁や池などが復元されている。鉢形城歴史館は、鉢形城の歴史や構造について分かりやすく展示・紹介をしている。

鉢形城歴史館：入館料200円／9時30分〜16時30分／月曜、祝日の翌日休／駐車場300台／☎048・586・0315／寄居駅から徒歩25分

外曲輪にある鉢形城歴史館

鐘撞堂山の山頂近くの竹林

あずまやと展望台のある鐘撞堂山山頂

初夏はアジサイに彩られる少林寺

鐘撞堂山❸〜羅漢山❺

いったん来た道を戻り、羅漢山を目指して直進する。やや急な下りもあるので、十分慎重に。明るい広葉樹林の中をどんどん下っていき、円良田湖❹の一角の車道に降り立つが、すぐに車道左手の山道に入る。「五百羅漢・少林寺に至る登山口」の看板が目印だ。笹の中に木段が長々と続く登り道をがんばって登り切ると、羅漢山❺の山頂に到着する。山名板はなく、見晴らしもきかないが、釈迦三尊が祀られている、静かな山頂だ。

羅漢山の山頂

羅漢山❺〜波久礼駅❽

羅漢山から少林寺への道がふたつに分岐している。右が五百羅漢が並ぶ道、左は千体荒神の石碑が並ぶ道。どちらを歩いても所要時間は変わらず、道中の難所もない。右の道を進むと、下り始めてすぐに表情豊かな羅漢さまが出迎えてくれる。草むらに埋もれて微笑む像、道のすぐ脇で見守ってくれているような像、表情や手にしているものもさまざまな像は、一体として同じものはない。

五百羅漢の表情を楽しみつつ、下り切ったところが少林寺❻。戦国時代の永正8（1511）年に創建された寺で、しっとりと趣のある本堂は、初夏にはアジサイに彩られる。

少林寺からは波久礼駅を目指す。住宅街の中、点在する道標を目印に進んでいく。長い道のりだが、国道140号の大通りと秩父鉄道の線路がよい目印になる。秩父鉄道を横切って国道140号に出て、右に進めばほどなく波久礼駅❽に到着する。

時間に余裕があれば、少し寄り道になるがかんぽの宿寄居❼で一浴していくとよい。波久礼駅の手前、道標に従ってコンクリート舗装された道を登っていく。かなりの急勾配を5分ほど登れば、建物に到着する。気持ちよく汗を流し、展望風呂から山並みを眺めれば、疲れも吹き飛ぶだろう。　　　　　（西野）

温泉情報　金山温泉　かんぽの宿寄居

秩父の山々を望む高台に建つ宿。温泉の大浴場が最上階にあり、眺めを楽しみながら入る露天風呂が心地よい。アルカリ性単純温泉の湯は肌触りがなめらか。入浴後はお休み処も利用可能（10時30分〜15時）。入浴料800円／10時30分〜18時受付／年1日休／駐車場123台／☎048・581・1165／寄居駅〜かんぽの宿の送迎バスあり

高台に建つかんぽの宿寄居

埼玉県

35 ロウバイの香りがいち早く春を告げる

家族向き

標高	497m
歩行時間	1時間25分
最大標高差	360m
体力度	★☆☆
技術度	★☆☆
1/2.5万地形図	鬼石

宝登山
ほどさん

登山適期とコースの魅力

一番の見頃は早春。1～2月のロウバイから始まり、梅が咲き継いでいく。ロープウェイ山頂駅近くにはフクジュソウの群落も。

1月 | 2月 | 3月 | 4月 | 5月 | 6月 | 7月 | 8月 | 9月 | 10月 | 11月 | 12月

ロウバイ / ウメ / 新緑 / 紅葉

●七草寺めぐり
長瀞には七草寺があり、秋の七草が楽しめる。ロープウェイ山麓の不動寺もそのひとつ。初秋に咲くナデシコが美しい。

●ロウバイ
宝登山の山頂直下はロウバイ園として整備されていて、約1000本ものロウバイがある。見頃は1月上旬～2月上旬。

アクセス

電車で: 池袋駅 →（西武池袋・秩父線特急 1時間22分 1420円）→ 西武秩父駅 →（徒歩6分）→ 御花畑駅 →（秩父鉄道 21分 470円）→ 長瀞駅

土曜・休日には池袋駅から直通の快速急行三峰口、長瀞行きが出ている。これなら長瀞まで2時間11分。

クルマで: 花園IC →（関越自動車道・国道140号経由 17km）→ 長瀞

ロープウェイ山麓駅周辺に多くの駐車場がある。有料で1日500円。

コースタイム

❶長瀞駅 —1.0km 15分／15分— ❷宝登山麓駅 —ロープウェイ 5分／5分— ❸宝登山頂駅 —0.3km 15分／10分— ❹宝登山 —2.4km 40分／1時間— ❺不動寺 —0.4km 5分／5分— ❻宝登山神社 —0.6km 10分／10分— ❶長瀞駅

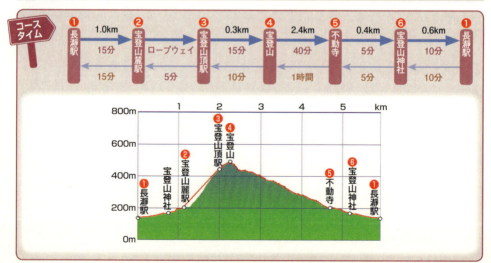

水場チェック
水は山頂駅で補給できる。自動販売機、茶店などがあって水分補給ができる。

トイレチェック
トイレは山頂駅など各所にある。

● 問合せ先
長瀞町観光協会 ☎0494・66・3311
http://www.nagatoro.gr.jp/
宝登山ロープウェイ ☎0494・66・3421
秩父鉄道 ☎048・523・3313
http://www.chichibu-railway.co.jp/

ロウバイの向こうに武甲山がそびえる

関連情報● 秩父鉄道の野上駅を起点に、緩やかな丘陵地帯を歩いて宝登山へ向かう登山道は、長瀞アルプスと呼ばれる人気ルート。雑木林は新緑、紅葉の時期が美しい。

ロウバイや梅、フクジュソウ。宝登山は早春にお花見のできる山。とてもめでたい響きの山名もあって、福を求めて訪れたくなる山でもある。ロープウェイで利用でアクセスできる手軽さも魅力だ。下山後は名勝・長瀞岩畳で観光もおすすめ。

かわいらしい黄色のロープウェイ

長瀞駅❶〜宝登山❹

立派な鳥居をくぐって宝登山へ

スタートは**長瀞駅❶**から。宝登山神社の表参道が駅からまっすぐに伸びている。サクラの並木道になっていて、春はことさらに美しい。大きな白い石の鳥居をくぐり、こんもりした宝登山の山並みを眺めながら近づいていく。

道標に従ってロープウェイの**宝登山麓駅❷**に向かう。ロープウェイは全長832mを約5分で結ぶ。レトロな小さい50人乗りのゴンドラに揺られて、標高451mの山頂駅に向かおう。

ロープウェイの**宝登山頂駅❸**で下りたら、道標に従ってロウバイ園のまっただ中を歩きながら、山頂を目指そう。見頃である1〜2月には、黄金色のロウバイが、キラキラと陽光を浴びながら、ふくいくたる香りを漂わせている。のんびりと歩いても、山頂までは数分の道のりだ。

広々とした**宝登山❹**山頂からは、秩父の山々の眺めがすばらしい。ロウバイの花越しに、きれいな三角形の武甲山が目の前にそびえている。鋸のような、大きな舟を思わせるような両神山の雄大な姿も分かりやすい。山頂には手書きの山名解説板もあるので、見てみるとよいだろう。

山頂の景色を堪能したら、宝登山神社の奥宮にも足を伸ばしてみよう。薄暗い樹林の中、小さな木の祠が建てられている。痩せた狛犬が左右に鎮座しているのも秩父ならではの景観だ。奥宮の前には売店もある。

ロウバイ園のすぐ下には梅百花園も整備されている。こちらは170種470本もの梅が植

立ち寄りスポット 長瀞でかき氷

長瀞の街中を歩くと「かき氷」の看板があちこちで見られる。秩父盆地で冬は非常に寒い長瀞は、天然氷を作る氷池がある。一番の有名どころは天然氷の蔵元である阿左美冷蔵。果物を使った天然素材のシロップで味わうかき氷が絶品だ。宝登山神社へ向かう途中に店がある。
阿左美冷蔵 寶登山道店／10時〜17時／火曜休、12〜3月は木・土・日曜営業／長瀞駅から徒歩5分／☎0494・66・1885

参道にある阿左美冷蔵 寶登山道店

宝登山の山頂から武甲山を望む

えられているが、これは関東地方では有数の品種の多さ。2月中旬頃から3月下旬にかけて、次々に花を咲かせていく。

宝登山❹〜長瀞駅❼

　山頂で花と景色を満喫したら、帰りは林道を歩いて長瀞駅に戻ろう。レストハウスの前を通り、道標に従って下っていく。林道からところどころで山道に入ることができるのだが、道標が少なく、踏み跡が不明瞭なところもあるので、多少時間はかかっても林道を下るのが無難だ。それでも山頂駅から1時間弱で山麓駅に到着する。

　山麓駅のすぐそばには、長瀞七草寺のひとつでもある花の寺、**不動寺**❺があるので、立ち寄っていこう。七草のひとつに数えられるナデシコをはじめ、梅やサクラなど、四季折々の花が魅力だ。

　不動寺からは舗装道路を下り、**宝登山神社**❻に足を伸ばそう。三峰神社、秩父神社と並ぶ、秩父三社のひとつで、権現造のきらびやかな社殿が印象的だ。宝登山神社から**長瀞駅**❼までは来た道を戻る。

　電車の待ち時間に、長瀞の岩畳まで足を伸ばしてもよい。駅からは徒歩5分ほど、道中の路地にはみやげ物屋や軽食処が並ぶ。　　　（西野）

散策路が整備されたロウバイ園

石段を登って宝登山神社へ参拝

宝登山神社の奥宮

花の寺としても知られる不動寺

立ち寄りスポット　長瀞の岩畳

　長瀞駅から徒歩5分ほどで荒川の河原に出ることができるが、大きな岩が並び、文字通り「岩畳」となっている。これらは隆起した結晶片岩。川は青緑色の深い色をたたえ、白い岩とのコントラストが美しい。

　荒川の奇岩を楽しむのには、岸辺から眺めるだけでなく、川の上から眺めるのもおすすめ。長瀞ライン下りでは、船頭が漕ぐ小さな舟で、急流を下ることができる。
ライン下り1600円〜／3月上旬〜11月下旬運行／☎0494・66・0950

深い色の水と白い岩畳が美しい

関連情報●長瀞はサクラの名所でもある。長瀞駅から宝登山神社に向かう道は桜並木であり、国道140号も道沿いにサクラが植栽されていて、4月には花のトンネルとなる。

埼玉県

36 花と展望の里山ハイキング

簑山（みのやま）

一般向き

標高	587m
歩行時間	2時間40分
最大標高差	430m
体力度	★☆☆
技術度	★☆☆
1/2.5万地形図	皆野

登山適期とコースの魅力

約8000本の桜が植えられている名所、簑山。その他ヤマツツジやアジサイなどの株も多く、「美の山公園」という愛称で親しまれている。

	1月	2月	3月	4月	5月	6月	7月	8月	9月	10月	11月	12月
新緑				■	■							
イカリソウ			■	■								
サクラ			■	■								
ヤマツツジ				■	■							
アジサイ						■	■					
ユリ							■	■				
紅葉										■	■	

●簑山からの展望

秩父盆地に立つ独立峰として周囲360度の展望を誇り、標高は低いものの展望がすばらしい。北は赤城山や谷川連峰、奥武蔵の山々はもちろん、奥秩父山塊の展望もよい。サクラの花期もよいが、秋は展望がよい上にサクラの紅葉も楽しめる。

アクセス／電車で

行き：池袋駅 —[西武池袋線・秩父線 特急1時間22分 1420円]→ 西武秩父駅 —[徒歩6分]→ 御花畑駅 —[秩父鉄道15分 440円]→ 親鼻駅

帰り：和銅黒谷駅 —[秩父鉄道13分 310円]→ 御花畑駅 —[徒歩6分]→ 西武秩父駅 —[西武秩父・池袋線 特急1時間22分 1420円]→ 池袋駅

土・日曜・祝日には池袋駅から直通の快速急行三峰口、長瀞行きが出ている。これなら親鼻まで乗り換えなしで行かれるので便利だ。

アクセス／クルマで

花園IC —[関越自動車道]— 親鼻

国道140号・皆野寄居バイパス経由 15km

親鼻駅近くの「道の駅みなの」の駐車場を利用、下山後に和銅黒谷駅から電車で戻る。

コースタイム

①親鼻駅 —0.4km 5分/5分→ ②萬福寺 —1.5km 55分/40分→ ③みはらし園地 —0.9km 30分/20分→ ④簑山 —1.3km 40分/1時間→ ⑤和同開珎の碑 —0.6km 25分/35分→ ⑥聖神社 —0.4km 5分/5分→ ⑦和銅黒谷駅

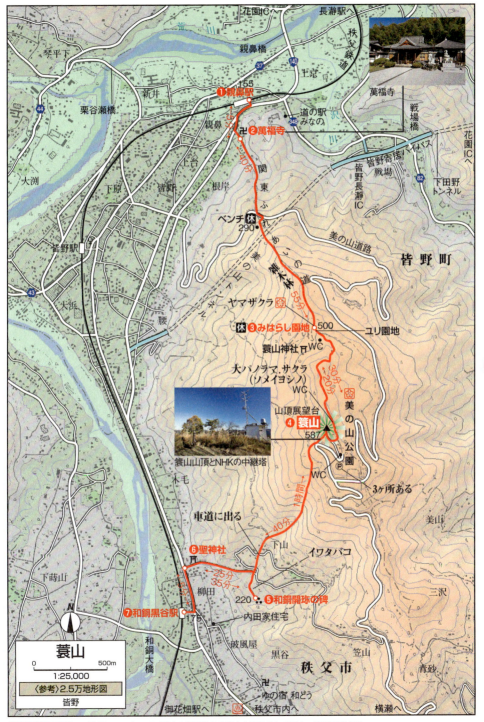

関連情報 ●時間的には半日コースなので、近くの破風山や宝登山と組み合わせると一日が充実する。

簑山はサクラの名所として知られ、「関東の吉野山」とも呼ばれている。車で山頂まで行くことができる標高600mほどの低山ではあるが、独立峰ゆえに秩父盆地でも目立つ山で、広々とした山頂からの展望はすばらしい。ここはひとつ車を使わずに駅からハイキング、山頂展望を楽しんだら、山麓にある奈良時代の和同開珎の銅鉱石採掘跡に立ち寄って歴史を学び、温泉で汗を流して日帰り登山を楽しもう。

水場チェック
水場はないが、山頂付近に売店（季節営業）や水道があり、水分を補給できる。

トイレチェック
山頂付近に3ヶ所のトイレがあり、うち1ヶ所は多目的トイレ。

● 問合せ先
皆野町観光協会　☎0494・62・1462
http://www.minano.gr.jp
埼玉県秩父環境管理事務所　☎0494・23・1511
秩父鉄道ハイキングの会　☎048・523・3313
http://www.chichibu-railway.co.jp/
西武鉄道お客さまセンター　☎04・2996・2888

親鼻駅❶～みはらし園地❸

秩父鉄道**親鼻駅**❶から踏切を渡り、小道を一本はさんで国道140号に出る。国道を横断し、**萬福寺**❷へ向かう道に入る。「不動尊萬福寺」の看板があるので迷うことはないだろう。萬福寺から少し道沿いに進むと簑山へと向かう道の看板があり、登山道へと入っていく。

一度、美の山道路を横断し、再び登山道を登って少し歩くとベンチが置かれており、樹林の間からはちょっとした眺めが得られるようになる。そのまま登山道を緩やかに登っていくと**みはらし園地**❸で、北側を中心に眺めが開けてくる。ここにはソメイヨシノやヤマザクラのほか、多種のユリが楽しめるユリ園地があって、その先にはツツジ園地、アジサイ園地など、花のシーズンは色とりどりの花が楽しめる。

静かな雑木林の中を登る

みはらし園地❸～簑山❹

簑山神社経由でツツジ園地やアジサイ園地をまわって**簑山**❹山頂に向かってもよいし、そのまま進んでも同じ場所に出る。ここまで車でくる観光客がほとんどだが、下から歩いてくるとこの山のスケールというものがよく分かる。山頂の展望を目の当たりにすると、舗装道の観光の山、というイメージがよい意味で裏切られる。

山頂部には大きな展望台があるので、階段

展望スポット　山頂展望台

山頂部の中心には眺めのよい展望台がある。一段上がったテラスからの眺望がすばらしく、低い山ながらも360度の展望が広がる。近くの武甲山の眺めはもちろんのこと、両神山や奥秩父の山、赤城山や谷川連峰、日光連山などの眺望も得られる抜群の展望スポット。

見晴らし抜群の山頂展望台

展望台から望む奥秩父の山々

展望盤と案内板で山座同定ができる展望台

和同開珎をかたどった高さ5mのモニュメント

を登ってテラスから展望を楽しもう。秩父盆地の奥には山並みが広がり、雲取山、甲武信ヶ岳、両神山といった奥秩父の山々から、赤城山や谷川連峰、日光連山の展望が開ける。南東側にある山頂部の樹林が切り開かれた大霧山の展望もよい。山頂の三角点は北側のNHK中継塔の奥にある。

簑山❹～和銅黒谷駅❼

　和銅黒谷駅への下山道入口は、NHK中継塔の西側にある。指導標があるので見落とすことはないだろう。うっそうとした薄暗い樹林帯をしばらく下っていく。道路に出てからは指導標をたよりに道を進み、「和銅採掘露天掘跡」の道標から坂道を下っていく。遊歩道を歩いていくと、高さ5mほどの「和同開珎」のモニュメント、和同開珎の碑❺がある。ここから少し進んだところが約1300年もの昔に銅鉱石が発見された場所で、ここで和銅が産出されたことを記念して元号を「和銅」に改元するとともに、和同開珎が造られたと

されている。富本銭などさらに古い貨幣はあるが、この和同開珎は日本で最初の流通貨幣として知られている。銅洗堀といわれる銅を洗った小さな小川の対岸には和銅採掘露天掘跡が見られ、ここでは江戸時代になっても採掘は続けられていたという。

　来た道を戻り再び車道に出る。道なりにゆっくりと下って金山彦神を祀る聖神社❻から、国道140号に出て左に行けば和銅黒谷駅❼につく。さっそく帰路につくのもよいし、駅から歩いて約15分のところにある「ゆの宿和どう」に立ち寄って日帰り鉱泉を楽しむのもよい。日帰り入浴は午後2時までなので、利用する際は時間に気をつけよう。　　　　（西田）

和銅採掘露天掘跡

立ち寄りスポット　聖神社

　和銅改元と和同開珎が造られる契機となった自然銅発見の地、黒谷にある神社。貨幣発祥の地としてまさに由緒正しき場所で、和同開珎ゆかりの神社として銭神様とも呼ばれている。御神体として和銅（ニギアカガネ）が奉られ、お金儲けの縁起の神様として人気がある。金運上昇を願って、ぜひ立ち寄ってみよう。

聖神社境内

埼玉県

37 | 360度の展望が楽しめる一等三角点の山

一般向き

標高	1038m
歩行時間	4時間45分
最大標高差	810m
体力度	★★☆
技術度	★☆☆

1/2.5万 地形図：皆野、万場、鬼石、長又

じょうみねさん
城峰山

登山適期とコースの魅力

低山でありながら上州、信越の山々や八ヶ岳まで望める展望が最大の魅力。空気の澄んだ天気のよい日を選んで歩きたい。

| 1月 | 2月 | 3月 | 4月 | 5月 | 6月 | 7月 | 8月 | 9月 | 10月 | 11月 | 12月 |

新緑（4月〜5月）
ヤシオツツジ・ニリンソウ
紅葉（10月〜11月）

●里山風景
山麓の集落は四季折々の美しさ。春は花木が咲き、春霞のよう。秋はユズや柿が実り、軒先の干し柿も風情たっぷりだ。

●カエデとサクラ
城峰神社から山頂へ向かう道中は、カエデやツツジ、サクラの木々が多い。花の時期のみならず、秋は紅葉の赤が青空に映える。

アクセス／電車で

行き：池袋駅→西武池袋線・秩父線特急1時間22分 1420円→西武秩父駅→西武観光バス50分 600円→万年橋バス停

西武秩父駅から万年橋への午前中のバスは平日9時5分、土曜・休日9時、10時5分のみ。西門平からのバスも少なく、最終は平日は16時54分、土曜・休日は15時54分（2015年10月現在）。

帰り：池袋駅←西武秩父線・池袋線特急1時間22分 1420円←西武秩父駅←徒歩6分←御花畑駅←秩父鉄道15分 380円←皆野駅←皆野町営バス30分 290円←西門平バス停

アクセス／クルマで

花園IC→関越自動車道→国道140号・皆野寄居有料道路 18km→万年橋→県道37号・363号経由 16.4km→半納

城峰神社までクルマで上がれるが、石間学習交流館周辺、男衾登山口に駐車スペースがある。石間峠にも数台の駐車スペースがあるので、城峰山と鐘掛城跡をそれぞれ往復してもよいだろう。

コースタイム
❶万年橋バス停 →6.1km 1時間40分／1時間20分← ❷男衾登山口 →1.8km 1時間20分／1時間← ❸城峰神社 →0.4km 15分／10分← ❹城峰山 →1.0km 30分／30分← ❺鐘掛城跡 →2.5km 1時間／1時間30分← ❻西門平バス停

160

立ち寄りスポット　加藤織平の墓

1884（明治17）年、日本近代史上最大の農民蜂起である秩父事件。不況に苦しむ秩父郡の農民が困民党を組織。政府を批判し、救済を訴えた。加担した多くの者が処罰され、首謀者には死刑の判決が下された。困民党の幹部として陣頭指揮をとった石間出身の加藤織平もそのひとり。道沿いに墓が立てられている。

道路脇にひっそり立つ

水場チェック
登山口からすぐ、1ヶ所水場がある。

トイレチェック
トイレは登山口までに3ヶ所、男衾登山口手前の鳥居付近、城峯神社、石間峠にあるので、安心して歩ける。

●問合せ先
秩父市吉田総合支所　☎0494・77・1111
http://www.city.chichibu.lg.jp
皆野町役場・皆野町営バス
☎0494・62・1230
http://www.town.minano.saitama.jp/
西武観光バス秩父営業所
☎0494・22・1635
http://www.seibukankoubus.co.jp/

関連情報●秩父事件に関する史料を展示する石間交流学習館。旧石間小学校の校舎を使用している。見学は予約制（秩父市吉田総合支所へ）。

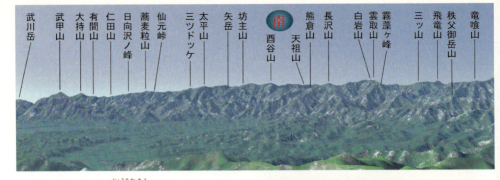

武川岳 / 武甲山 / 大持山 / 有間山 / 仁田山 / 日向沢ノ峰 / 蕎麦粒山 / 仙元峠 / 坊主山 / 矢岳 / 太平山 / 三ツドッケ / 南 / 酉谷山 / 天祖山 / 熊倉山 / 長沢山 / 白岩山 / 雲取山 / 霧藻ヶ峰 / 三ツ山 / 飛竜山 / 秩父御岳山 / 竜喰山

　一等三角点のある城峰山は、すばらしい展望が楽しめる山。標高1000m程度でありながら、関東近郊の山々を一望に見渡せるロケーションが魅力だ。平将門（たいらのまさかど）の伝説が残る山でもあり、山名の由来は、争いに敗れ官軍に追われた平将門一党が、この山に城（砦）を築いて立てこもったことからといわれる。

城峰神社の社殿

万年橋バス停❶〜城峰神社❸

　万年橋バス停❶から石間川（いさまがわ）に沿って続く車道を進んでいく。のどかな山村風景が残るが、この地は秩父事件ゆかりの地でもある。自由民権運動が活発ななか、不況に苦しむ埼玉県秩父郡の農民が起こした武装蜂起。旧吉田町はその舞台となった地のひとつであり、当時の史料は石間交流学習館で見ることができる。とはいえ、今はその頃の面影はなく、加藤織平（かとうおりへい）の墓などが残るのみだ。

　道なりに進み、中郷の登山口を過ぎると道がやや急になっていく。さらに進み、太田部（おおたぶ）と沢戸（さわど）への分岐で、道標に従って右（太田部方面）へ。城峰神社の大きな鳥居をくぐる。しばらく進むとさらに分岐があり、「参道登山道近道」の表示に従って右へ。沢沿いに進むと男衾登山口（おぶすま）❷に到着する。橋を渡り、民家の間をぬうように登っていき、山道に入る。

　うっそうとした杉林の中、やや急な山道が続くが、ほどなく傾斜が緩み、半納（はんのう）登山口からの道と合流する。このルートは、城峰神社への表参道として歩かれてきた道。今も道のところどころに古い丁目石（ちょうめいし）が残されている。

　あずまやのある休憩所を過ぎるとほどなく、三十二丁目の丁目石がある参道に出る。木の鳥居をくぐり、狛犬に迎えられて明治21（1888）年に300本の杉を植えたという杉並木の先に、城峰神社❸の社殿が建つ。

城峰神社❸〜城峰山❹

　城峰神社は、平将門を討った藤原秀郷（ふじわらのひでさと）と日本武尊（やまとたけるのみこと）を祭神とする神社。荘厳な雰囲気

杉並木が荘厳な雰囲気をかもし出す

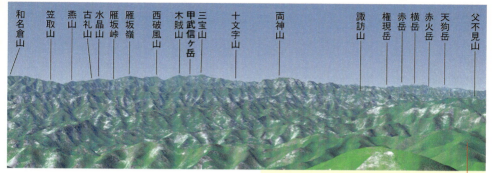

奥秩父 / 八ヶ岳

和名倉山 / 笠取山 / 燕山 / 古礼山 / 水晶山 / 雁坂峠 / 雁峠嶺 / 西破風山 / 木賊山 / 甲武信ヶ岳 / 三宝山 / 十文字山 / 両神山 / 諏訪山 / 権現岳 / 横岳 / 赤岳 / 赤火岳 / 天狗岳 / 父不見山

城峰山の電波塔

の木造の社殿の前には、狛犬ではなくオオカミが並んでいる。神社前の広場は西側の眺めがよく、目の前に両神山や奥秩父の山々が間近に見渡せる。

城峰神社の社殿を右に見ながら登山道を登り、尾根道から山頂を目指す。カエデやサクラが多く、秋は紅葉も美しいところだ。岩が露出しているところがあるので、慎重に進むとほどなく、<mark>城峰山❹</mark>の山頂に到着する。山頂自体は木々に囲まれているので、電波塔の中段まで登ってみよう。

さえぎるもののない360度の展望が広がる。南側には奥武蔵、奥多摩の山々、西には奥秩父、その先に八ヶ岳の山々、北側は赤城山や武尊山、谷川岳など上州の山々、さらには日光連山も見渡せる。見える方向に合わせて、

魅惑のパノラマ大展望

城峰山の山頂から、南東〜南西方面の展望。奥武蔵から奥多摩、奥秩父へと山々が連なっている。奥武蔵のランドマーク・武甲山のきれいな三角形、両神山の鋸状の山容が分かりやすい。奥秩父の右手には、天気に恵まれれば赤岳を主峰とする八ヶ岳の山々も見渡せる。

写真の展望板が張られているので、山座同定もしやすい。

城峰山❹〜西門平バス停❻

下山は石間峠を経て、門平へ。木の階段も交えながら急な坂を下っていくと、あずまやのある石間峠につく。トイレもあるのでひと息ついていくといいだろう。その後は杉や林の樹林帯をどんどん下っていく。ピークにはところどころ歩きやすい巻き道がついている。鐘掛城跡へは、巻き道と分かれて急な木の階段を一気に登っていく。

<mark>鐘掛城跡❺</mark>は、戦国時代にこの地を支配していた武田軍が城を築いたところといわれるが、現在はうっそうと木々が茂る小高い丘。木々に囲まれて見晴らしもきかない。登山道は鐘掛城跡から右に折れ、山道をどんどん下っていく。一度林道に出るが、再び山道に入り、さらに進み門平の集落へ。目の前に破風山を眺めながら山村風景の中を進むとほどなく県道に出て、左に進めばあずまやのある<mark>西門平バス停❻</mark>に到着する。　　　　(西野)

城峰山山頂から両神山を望む

埼玉県

38 秩父の山々を見渡す展望の山

一般向き

標高	627m
歩行時間	3時間25分
最大標高差	460m
体力度	★★☆
技術度	★☆☆
1/2.5万地形図	皆野、鬼石

破風山(はっぷざん)

登山適期とコースの魅力

展望を楽しむなら秋から春先にかけて。山頂からの秩父盆地の眺めがすばらしい。山頂のユズが黄色く色づくのは10〜12月。

| 1月 | 2月 | 3月 | 4月 | 5月 | 6月 | 7月 | 8月 | 9月 | 10月 | 11月 | 12月 |

新緑／ヤマブキ、ヒカゲツツジ／アセビ／紅葉

● アセビ
山地の尾根に多く見られる低木で、破風山の山頂付近にも多い。春先には白い花を鈴なりにつける。葉や茎に毒がある。

● ユズ
山頂近くにユズ園がある。登山道のあちこちに無人直売所があり、ユズの収穫時期には、1袋100円程度で販売している。

アクセス／電車で

行き：池袋駅 → 西武池袋・秩父線 特急1時間22分 1420円 → 西武秩父駅 → 徒歩6分 → 御花畑駅 → 秩父鉄道15分 380円 → 皆野駅 ⋯ 秩父温泉前バス停

秩父温泉前からのバスの最終は平日が17時30分、土曜・休日は16時10分(2015年10月現在)。本数も少ないので皆野駅まで歩いてしまってもよい。

帰り：池袋駅 ← 西武秩父・池袋線 特急1時間22分 1420円 ← 西武秩父駅 ← 徒歩6分 ← 御花畑駅 ← 秩父鉄道15分 380円 ← 皆野駅 ← 皆野町営バス18分 190円 ← 秩父温泉前バス停

アクセス／クルマで

花園IC → 関越自動車道 → 140 国道140号・皆野寄居バイパス経由 18km → 皆野 → 県道284号経由 4.5km → 284 → 秩父温泉

クルマの場合は、秩父温泉の駐車場に停めて破風山に向かい、下山を水潜寺にする周遊コースをとるとよい。

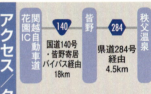

コースタイム

❶皆野駅 —2.0km 30分/30分— ❷野巻林道入口 —1.2km 30分/20分— ❸野巻林道終点 —1.6km 1時間/40分— ❹あずまや —0.1km 5分/3分— ❺破風山 —0.6km 15分/30分— ❻猿岩 —0.9km 25分/40分— ❼風戸 —1.1km 40分/50分— ❽秩父温泉前バス停

164

水場チェック
野巻林道に2ヶ所、下山路の風戸に1ヶ所ある。

トイレチェック
トイレは山頂手前の休憩舎のところにあるが、そこまで時間がかかるので、皆野駅で用を足しておこう。

●問合せ先
皆野町役場・皆野町営バス
☎0494・62・1230
http://www.town.minano.saitama.jp/

温泉情報　水と緑のふれあい館

　秩父札所34番の水潜寺の地下から湧き出した秩父温泉満願の湯。二つの日帰り温泉施設で、良質で豊富な温泉を満喫できる。
　皆野町町営の水と緑のふれあい館では、明るいガラス張りの大浴場が快適だ。風呂上がりには、食堂や休憩室も設けられている。満願の湯では、渓流のせせらぎを耳に、滝を眺めながら入る露天風呂が人気。

水と緑のふれあい館●入浴料500円／10時〜20時／火曜休／☎0494・62・5227
満願の湯●平日800円、土曜・休日3時間900円・1日1000円／10時〜21時／無休／☎0494・62・3026

瓦葺きの水と緑のふれあい館

破風山から武甲山や奥武蔵の山々を望む

関連情報●大淵登山道から男体拝、破風山、大前山、天狗山と縦走し秩父華厳の滝登山口に至る縦走路は、皆野アルプスと呼ばれる人気ルート。

埼玉県皆野町にそびえる、標高627mの破風山。日本建築で、切妻造や入母屋造の屋根の妻側の三角形の部分を「破風」というが、これに山の形が似ていることが山名の由来といわれる。山頂から秩父盆地を一望に見渡す眺望のよさが魅力。山麓には秩父札所34番の水潜寺がある。

皆野駅❶〜野巻林道入口❷

山上のユズ畑

　低山でありながら秩父の山々の眺めがすばらしい破風山。札立峠を越える巡礼古道をはじめいくつかの登山道があるが、皆野駅からの最短ルートである高橋沢コースを歩いて山頂を目指そう。

　<mark>皆野駅❶</mark>を出たら駅を背にして右、線路沿いの細い道を進み、すぐに踏切を渡る。住宅街を道なりに進んでいき、皆野橋、郷平橋で川を渡る。道標に従って左に登る道を進み、県道に突き当たったら左へ。10分ほど進むと、<mark>野巻林道入口❷</mark>へ。「破風山ハイキングコース」の木製の看板と、野巻林道の三角形の道標が目印だ。

野巻林道入口❷〜破風山❺

　民家の脇を通って、野巻林道を進む。沢沿いに緩やかな道が続いている。雑草や砂利に覆われているが、舗装の跡が残る道だ。30分ほど進むと<mark>野巻林道終点❸</mark>の道標があり、ここから山道になる。小さな沢を渡ると傾斜が一気に急になっていく。足場が悪く、ロープが付けられているところもあるので、慎重に進もう。

　うっそうとした樹林帯の中、ひたすら登っていくと、竹林が現れる。傾斜が緩み、涸れた沢を渡るとほどなくユズの木々が現れる。山の斜面に小さなユズ園が点在し、無人販売所もある。このあたりで登山道はいったんコンクリートの舗装道路になり、桜ヶ谷との道が合流したところで再び山道となる。

　緩やかに山道を登っていくと、途中で札立峠への分岐がある。破風山へは右に進路をとり、山頂を大きく巻くように登っていく。木造の<mark>あずまや❹</mark>が現れれば、山頂はもうあと5分ほどの道のりだ。アセビの木々が茂る、岩が露出したヤセ尾根を慎重に進んでいけば、<mark>破風山❺</mark>の山頂に到着する。

　それほど広くない山頂ではあるが、眺望はすばらしい。南側の眺望が開け、奥武蔵や秩父の山々が一望のもとだ。目の前に武甲山が三角形の姿を見せている。武甲山の左手に連

緩やかな道が続く野巻林道

山頂直下の大きなあずまや

破風山の山頂は見晴らしがよい

ゴツゴツとした猿岩

なるのは笠山や堂平山など外秩父の山々。眼下には山々に囲まれた盆地の中、田畑がパッチワークのようだ。ゆっくりと時間をとって、絶景を満喫したい。

破風山❺～秩父温泉バス停❽

あずまやまで来た道を戻り、道標に従って猿岩・風戸方面へ進む。明るい雑木林の中、快適な登山道が続く。丸太の階段が現れ、下っていく途中で左に分岐する道を少し進むと、猿岩❻がある。猿の顔に似ているのが名前の由来で、道標の正面から見ると猿の顔に見えなくもない。

風戸❼の集落まで出ると道は舗装道路になる。道標に従ってのどかな雰囲気の集落を進み、ゴールの秩父温泉前バス停❽を目指す。バス停の前には2軒の日帰り温泉施設があるので、バスの時刻を確認したら立ち寄っていくとよいだろう。　　　　　　　　（西野）

満願の湯の温泉スタンド

秩父札所めぐり

　埼玉県秩父市、横瀬町、皆野町、小鹿野（おがの）町に点在する、秩父札所三十四カ所観音霊場。室町時代の末期にはすでに秩父札所があったと考えられており、江戸時代には庶民の信仰を集め、多くの巡礼者が訪れている。坂東三十三カ所、西国三十三カ所とあわせて日本百番観音に数えられている。

　1番は四萬部寺（しまぶじ）、そして結願の34番は、破風山の麓にある水潜寺。一巡すると約100kmほどになる。歩いて巡る巡礼者は今は少なく、マイカーやレンタサイクルで回る人、あるいは効率よく札所めぐりができるバスツアーなどを利用する人も多い。

　奥武蔵、秩父の山々を眺め、里山の風情も楽しめるのが秩父札所めぐりの味わい深さ。「奥多摩・奥武蔵日帰り山あるき」で紹介しているコースでは、4番金昌寺（29丸山）、27番大渕寺（28琴平丘陵）、28番橋立堂（27武甲山）が、コース上に登場する。また、秩父市街には徒歩圏内に札所が点在している。山歩きと組み合わせて、札所めぐりを楽しむのも一興だ。

4番金昌寺の本堂

27番札所の大渕寺

秩父市街にある13番慈眼寺

埼玉県

39 岩場登りも楽しめる秩父の名山

一般向き

標高	772m
歩行時間	3時間10分
最大標高差	475m
体力度	★★☆
技術度	★★☆
1/2.5万地形図	三峰、長又

四阿屋山
あずまやさん

登山適期とコースの魅力

コースタイムこそ短いが、山頂付近の上部は岩場登りが楽しめる。新緑、紅葉ともにおすすめで、花の山としても知られている。

1月	2月	3月	4月	5月	6月	7月	8月	9月	10月	11月	12月
			新緑							紅葉	
ロウバイ				アカヤシオ		ヤマユリ					
	フクジュソウ				ハナショウブ						

●四阿屋山の展望
樹林に囲まれたせまい山頂だが、西側の一角が開けて両神山の展望がすばらしい。木々の間からは二子山も見える。

●観景亭の展望
尾根の1ピークに建つあずまやからは秩父御岳山が眺められ、登ってきた四阿屋山の好展望台となっている。

アクセス

電車で
西武池袋駅 → 西武池袋・秩父線・秩父鉄道 快速急行2時間12分 1220円 → 三峰口駅 → 小鹿野町営バス 18分 400円 → 薬師堂バス停

三峰口までの直通快速急行は土曜・休日のみ運行。平日は西武秩父駅から徒歩6分の秩父鉄道御花畑駅から三峰口に向かう。三峰口駅からの町営バスは本数が少ないので、タクシーを利用してもよい。

クルマで
花園IC → 関越自動車道 → [140] 国道140号・皆野寄居有料道路経由 16.5km → 皆野 → [37] 県道37号経由 16.6km → 道の駅両神温泉薬師の湯 → 薬師の湯

道の駅両神温泉薬師の湯の駐車場以外にも、ハナショウブの時期などには、園地上やさらに奥の一般車道終点にも駐車場がある。国道299号を経て小鹿野町役場から県道37号経由で来てもほぼ同じ時間だ。

コースタイム

❶薬師堂バス停 →1.9km 1時間20分 / 1時間← ❷展望休憩舎 →0.3km 15分 / 10分← ❸両神神社奥宮 →0.3km 20分 / 15分← ❹四阿屋山 →0.3km 15分 / 20分← ❸両神神社奥宮 →2.2km 1時間 / 2時間← ❶薬師堂バス停

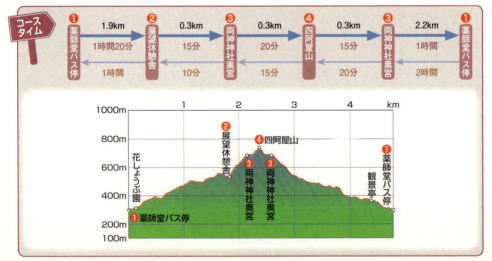

水場チェック
道の駅両神温泉薬師の湯で補給していくとよい。

トイレチェック
道の駅、花しょうぶ園、最奥の駐車場などにある。

● 問合せ先
小鹿野町役場・町営バス ☎0494・79・1122
http://www.town.ogano.lg.jp/
西武鉄道お客さまセンター
☎04・2996・2888
http://www.seibu-group.co.jp/railways/
丸通タクシー三峰口営業所 ☎0494・54・1771
http://www.chichibu-maru2.co.jp
道の駅両神温泉薬師の湯 ☎0494・79・1533
国民宿舎両神荘 ☎0494・79・1221
http://www.ryokamiso-saitama.jp

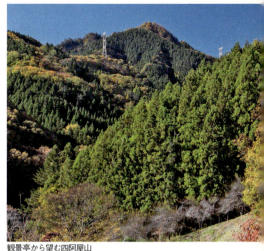

観景亭から望む四阿屋山

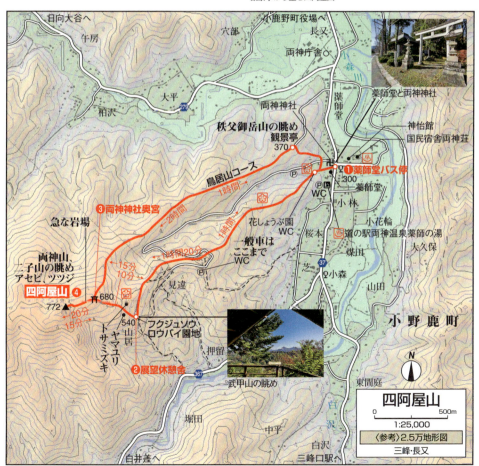

四阿屋山　奥武蔵

関連情報●低山だが頂上直下は岩場で切り立っていて冬は凍ることもある。転落事故も起きているので、冬期の場合、初心者は奥宮までにしておこう。

四阿屋山は、奥秩父山塊の北端にある両神山から三笠山方面の東へと延びる尾根の末端にある山である。多種の花が楽しめる山麓から、山頂部はなかなかの岩場が楽しめ、見どころ、歩きどころがこの小さい山に凝縮されている。本数こそ少ないが、西武秩父駅や秩父鉄道三峰口から小鹿野町営バスが出ており、アクセスも悪くない。

薬師堂バス停❶〜展望休憩舎❷

　「両神温泉薬師の湯」を併設する道の駅がすぐ近くにある薬師堂バス停❶から、薬師堂、両神神社里宮を見て車道を入っていく。すぐ先にある花しょうぶ園からしばらくはゆっくりと標高を上げていく。マイカーであれば下山コースのことも考えて、花しょうぶ園付近の駐車場を利用するとよいだろう。

道の駅両神

　一度車道を横切って、よく整備された登山道を登っていくと展望休憩舎❷につく。休憩舎からは正面に武甲山が見え、東側の秩父の山々を見渡すことができる。この休憩舎の周り一帯が花の園地となっており、この少し手前まで車で入れることもあって、花の時期は多くの観光客も訪れる。

展望休憩舎❷〜四阿屋山❹

　指導標に従って標高を上げ、両神神社奥宮❸の前に出る。奥宮の左手から山頂への道が続いており、登山禁止の直登ルートから巻き道で標高を上げる。クサリがある岩場が続くので、初心者は要注意だ。この岩場はしっかり整備もされているが、斜度があるので特に下山時は注意したい。尾根に上がると、左手に「初心者通行止」と書かれたつつじ新道への道標が立つ。ここから山頂へ右折し、スリップ

バス停からすぐの薬師堂

岩場を越えて山頂へ

温泉情報　両神温泉薬師の湯

日帰り温泉施設が併設された道の駅。駐車場としても使えるので利用価値は高い。三峰口、小鹿野町役場からのバスの中継地点ともなっており、帰りに寄るのにもちょうどよい。温泉の他、農林産物直売所・そば打ち体験施設なども併設されており、食事もできる。
入浴料600円／10時〜20時／火曜休（祝日の場合は翌日休）／☎0494・79・1533／駐車場約130台

温泉施設のある道の駅両神温泉薬師の湯

両神神社奥宮

四阿屋山山頂

観景亭から望む秩父御岳山

に注意して木の根が露出する岩場を登れば、樹林に囲まれた狭い **四阿屋山❹** の山頂に立つ。山頂には標柱と展望盤があり、樹林が開けたところからは両神山がよく見える。10人もいたら満員になるような狭い山頂なので、混んでいるときはつつじ新道との分岐まで戻るなど、休憩する場所を考えたい。山頂の奥、北側は崖になっているのでむやみに行かないこと。山頂からの展望を楽しんだら、岩場に注意して下っていこう。

いあずまやからは登ってきた四阿屋山、南に秩父御岳山を望むことができる。

観景亭からは舗装された道を歩き、起点の **薬師堂バス停❶** へと向かう。下山後にバス停から歩いて数分の道の駅「両神温泉薬師の湯」に立ち寄って、ゆっくりと温泉に入れるのがこのコースのうれしいところ。ぜひ立ち寄って汗を流していこう。日帰り温泉は薬師の湯以外にも、国民宿舎両神荘でも利用でき、こちらには露天風呂があるので好みで選ぶとよいだろう。　　　　　　　　　　　　　　（西田）

四阿屋山❹〜薬師堂バス停❶

　奥宮❸ まで戻り、分岐から鳥居山コースを歩いて薬師堂に向かって下る。しばらく樹林帯を下っていくがいくつか細い分岐道があるので、コースから外れないようしっかりと注意しよう。途中の開けた送電線鉄塔で展望が開け、両神山の半分、二子山や武甲山の眺めが広がる。再び樹林に入って標高を落とし、コースの最後にある観景亭に出る。眺めのよ

鉄塔下から広がる二子山方面の展望

立ち寄りスポット　神怡館

埼玉県と中華人民共和国山西省との友好省締結10周年を記念して作られた埼玉県山西省友好記念館の神怡館。中国仏教聖地のひとつ、五台山にある仏光寺東大殿がモデルの豪華な建物の中では、山西省を中心とする中国の歴史や自然、文化などを紹介する展示物が置かれている。中国のおみやげ品の売店もあり、貸出用チャイナドレスを着て写真撮影も楽しめる。

入館料200円／9時〜17時／火曜休、祝日の翌々日、年末年始休／☎0494・79・1493

唐代寺院をモデルにした神怡館

埼玉県

40 岩稜登りと展望の日本百名山

健脚向き

標高	1723m
歩行時間	7時間5分
最大標高差	1103m
体力度	★★★
技術度	★★★

1/2.5万地形図　両神山、長又

両神山
りょうかみさん

登山適期とコースの魅力

日本百名山のひとつであり、特異な岩の稜線が特徴の山。新緑の5月下旬や紅葉の10月中旬がおすすめ。

● 両神山からの展望

山頂に登るまでのコース中は展望にめぐまれない山だが、岩峰の一角となる山頂の展望はすばらしい。奥秩父の山々から北アルプスの山なみ、浅間山や谷川連峰まで、360度の展望が広がる。もちろん富士山も遠望できるすばらしい山頂だ。

アクセス

電車で

西武秩父駅発のバスに乗り薬師の湯で乗り継いで日向大谷口へ向かうか、もしくは秩父鉄道三峰口駅から直通かで、薬師の湯乗り継ぎ便がある。薬師の湯で下車する時に運転手に乗継券をもらえば、直通運賃で乗れる（西武秩父駅からは500円のみ）。

クルマで
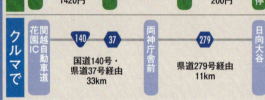

日向大谷口バス停の駐車場、最奥の両神山荘の駐車場の2ヶ所は有料（1日500円）となる。その下流に2ヶ所無料の駐車場がある。

コースタイム

コースガイド
日向大谷口バス停❶～両神清滝小屋❹

四阿屋山から見る両神山

奥秩父山塊の北端に位置し、荒々しい山容が特徴の岩稜の両神山。奥秩父に属するが、主たる稜線からは離れ、また秩父の山々からも離れた奥深くにある山である。山頂は展望がすばらしく、奥秩父の山々はもちろん、富士山、甲斐駒ヶ岳（かいこまがたけ）や八ヶ岳（やつがたけ）、北アルプスの展望が広がる。そのほか浅間山や、空気が澄んでいれば谷川連峰まで見渡すことができる。

山頂付近で咲くアカヤシオが有名で、見頃は5月上旬から中旬頃。紅葉は10月中旬。

日向大谷口バス停❶から道なりに歩き、公衆トイレを通って両神山荘の手前で登山口に入る。バス停から急な階段で両神山荘に直接上がることもできる。入山の際には登山口にある登山者カウンターを押してから歩き始める。ほどなくして鳥居を通り、一度小さな沢を過ぎて七滝沢コースとの分岐の会所❷（かいしょ）に出る。

七滝沢コース分岐下の会所

関連情報●白井差ルートは私有地のため、入山には事前予約と環境整備料（1000円）が必要。
問い合わせ：山中豊彦（☎0494・79・0494）

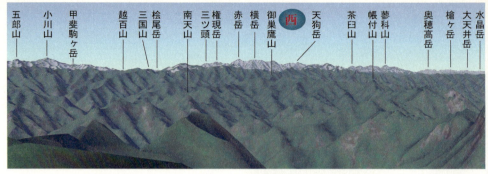

南アルプス　　　　　　　　　　八ヶ岳　　　　　　　　　　　北アルプス南部

五郎山／小川山／甲斐駒ヶ岳／越百山／三国山／桧尾岳／南天山／三ツ頭／権現岳／赤岳／横岳／御巣鷹山／西／天狗岳／茶臼山／帳付山／蓼科山／奥秩父高岳／槍ヶ岳／大天井岳／水晶岳

　会所から一段下るとベンチのある平地となっており、右手の七滝沢を渡って、この先、薄川を4回徒渉して沢通しで登っていく。最後の徒渉から左岸を歩き、しばらくして八海山（はっかいさん）の看板で右に折れて急坂を登っていく。この急坂は長くは続かない。登り切るとすぐに白藤の滝分岐の看板が立ち、弘法ノ井戸まで来れば<mark>両神清滝小屋❸</mark>まではあとひと登りだ。小

四度ほど沢を渡る

屋には水場やトイレがあるので、これからの岩場登りに備えてしっかりと休憩をとっておこう。場合によってはここに泊まって1泊行程もよいが、食事、寝具は持参となる。

弘法ノ井戸

●水場チェック
　弘法ノ井戸、清滝小屋の水場が利用できる。
●トイレチェック
　日向大谷登山口、清滝小屋にある。
●問合せ先
小鹿野両神観光協会　☎0494・79・1100
　http://www.kanko-ogano.jp
小鹿野町両神庁舎・町営バス
　☎0494・79・1122
　http://www.town.ogano.lg.jp/
西武鉄道お客さまセンター
　☎04・2996・2888

樹林に囲まれた清滝小屋

両神清滝小屋❸〜両神山❺

　小屋の裏手から登り、七滝沢コースへの分岐を通過し、鈴ヶ坂の標柱まで来るとひと登りで産泰尾根（うぶたい）に乗る。ここから先は鎖やロープがかかる道が連続するので注意して歩いていこう。歩きにくい木の根が張り出した道や岩場には鎖がかかっているので慎重に登って

鎖場が連続する

いきたい。<mark>両神神社❹</mark>で一度道は緩くなるが、山頂直下にかけて急な登りとなる。稜線に出てベンチをひとつ見送ると、山頂直下の鎖がかかる岩場を登り、<mark>両神山❺</mark>の山頂に立つ。

両神神社付近はやや緩やかな道

北アルプス北部 | 餓鬼岳 | 立山 | 剱岳 | 鹿島槍ヶ岳 | 五龍岳 | 唐松岳 | 白馬岳 | 乗鞍岳 | 烏帽子岳 | 篭ノ登山 | 黒斑山 | 浅間山 | 物語山 | 日影山 | 本白根山 | 横手山 | 浅間隠山 | 岩菅山 | 笹埼山 | 白髪山 | 佐武流山 | 白砂山

魅惑のパノラマ大展望

両神山剣ヶ峰から見た西北西から北北西の展望。岩稜だけに展望は広く、八ヶ岳が大きく、浅間山との間には北アルプスが見え、穂高岳から白馬岳まで余すことなく峰を連ねている。図にはないが、富士山や雲取山の展望もよい。

奥秩父と八ヶ岳方面の展望

山頂は岩峰の一角で、せまいピークながら360度の展望が開けている。東側には武甲山や雲取山、西側は甲武信ヶ岳などが見え、晴れ渡った日には北アルプスの山なみも望むことができる第一級の展望をもつ山頂だ。南アルプスでは甲斐駒ヶ岳が望まれ、富士山ほか浅間山や谷川連峰も遠望できる。

両神山❺～日向大谷口バス停❶

山頂からの下りは来た道を戻る。鎖やロープのかかる岩場は下山時のほうが危ないので、慎重に下ろう。両神清滝小屋を経て八海山まで下れば道もだいぶ穏やかになる。スリップに注意して沢を渡り、**日向大谷口バス停❶**へと下山する。バスの運行本数は少ないので、遅れないよう注意しよう。　　　(西田)

谷川連峰の眺めもよい

小屋情報　両神清滝小屋

以前は営業小屋だったが、現在は管理人不在の避難小屋となっている。大きなログハウス風の山小屋の一部が無料で利用でき、毛布なども利用できる。小屋裏には約10張のテント場、小屋前には水場とトイレもある。食事持参で登山にゆっくりと時間をかけたい人にはおすすめの施設だ。
小鹿野両神観光協会：☎0494・79・1100

無人の避難小屋となった清滝小屋

本文執筆・写真

岡田 好江（おかだ よしえ）
　フリー編集者。旅や山岳ガイドブックをはじめとする雑誌や書籍編集のかたわら、関東近郊の山や日本アルプスを中心に、山岳遠望と花風景を楽しんでいる。著書に『夫婦で出かける山あるき』、共著に『関東 日帰りの山ベスト100』（いずれも実業之日本社）などがある。

西田 省三（にしだ しょうぞう）
　山岳写真家。美しい山岳風景を追い求め、国内外問わず精力的に撮影し、山岳誌や写真誌などに作品を多数発表。おもな著書に『ブルーガイド山旅ルートガイド 北アルプス南部－槍・穂高連峰－』（実業之日本社）、『厳選 雪山登山ルートガイド集』『日本の山 究極の絶景ガイド』（山と溪谷社）などがある。

西野 淑子（にしの としこ）
　関東近郊を中心にオールラウンドに山を楽しんでいるフリーライター。日本山岳ガイド協会認定登山ガイド。著書に『東京近郊ゆる登山』『アルプスはじめました』（実業之日本社）、『女子のための！週末登山』（大和書房）などがある。NHK文化センター『東京近郊ゆる登山講座』講師。

カバー・表紙・総扉デザイン／松倉 浩
カバー写真／西田省三
総扉（P.1)・巻頭口絵（P.4-9）／西田省三
本文基本デザイン／ワイズファクトリー（若松 隆）
パノラマ図制作／須部方夫
地図製作／㈱千秋社
DTP／㈱千秋社

本書の地図の作成に当たっては、国土地理院長の承認を得て、同院発行の20万分1地勢図、数値地図（国土基本情報）電子国土基本図（地図情報）及び数値地図（国土基本情報）電子国土基本図（地名情報）を使用しました。（承認番号 平27情使、第589号）
本書に掲載した高低図は、杉本智彦氏作の地図ソフト『カシミール3D』で作成しました。

ブルーガイド　山旅ブックス

奥多摩・奥武蔵 日帰り山あるき
2016年1月25日　初版第1刷発行

編　集	ブルーガイド編集部
発行者	増田義和
発行所	実業之日本社

〒104-8233　東京都中央区京橋3-7-5 京橋スクエア
☎03-3535-2393（編集）
☎03-3535-4441（販売）
ホームページ http://www.j-n.co.jp/

印刷所　大日本印刷㈱
製本所　㈱ブックアート

＊実業之日本社のプライバシーポリシーは左記のサイトをご覧ください。
＊本書に掲載の記事、写真、地図、図版などについて、一部あるいは全部を無断で複写・複製（コピー、スキャン、デジタル化等）・転載することは、法律で認められた場合を除き、禁じられています。また、購入者以外の第三者による本書のいかなる電子複製も一切認められておりません。
＊乱丁・落丁の場合はお取り替えいたします。
＊定価はカバーに表示してあります。

©Jitsugyo No Nihon Sha, Ltd. 2016 Printed in Japan
ISBN978-4-408-00169-2